MARCELLO LUIGI RASO

GUADAGNARE IN IMMOBILI

Esperienze sul Campo per Investire in Immobili con Successo

Titolo

"GUADAGNARE IN IMMOBILI"

Autore

Marcello Luigi Raso

Editore

Bruno Editore

Siti internet

www.brunoeditore.it

www.rasoconsulting.it

ATTENZIONE: investire in immobili è rischioso

Le strategie riportate in questo libro sono frutto di anni di studi e specializzazioni, quindi non è garantito il raggiungimento dei medesimi risultati economici. I risultati passati ottenuti dall'autore non forniscono alcun tipo di garanzia per i guadagni futuri.

Il lettore si assume piena responsabilità delle proprie scelte economiche e finanziarie, consapevole dei rischi connessi a qualsiasi forma di investimento in immobili.

I casi di studio e gli esempi contenuti nel testo sono frutto di notizie e opinioni che possono essere modificate in qualsiasi momento senza preavviso e non costituiscono sollecitazione all'acquisto o alla vendita di immobili e al pubblico risparmio. L'unico scopo è di fornire elementi di studio sull'andamento del mercato immobiliare, e pertanto tali notizie e opinioni non possono essere considerate come previsioni certe e non mettono al riparo dal rischio insito nelle operazioni di investimento in immobili.

L'Autore e l'Editore declinano ogni responsabilità su eventuali inesattezze dei dati riportati, danni, perdite economiche, danni diretti o indiretti derivanti dall'uso o dalla divulgazione delle informazioni contenute in questo libro.

Sommario

Chi è Marcello Luigi Raso

Marcello Luigi Raso è immobiliarista e imprenditore emergente tra i più interessanti presenti oggi in Italia. Laureato in Giurisprudenza, con specializzazione in Diritto Societario, è un esperto di Programmazione Neuro-Linguistica, oltre che trainer di comunicazione analogica. È Presidente e Master Trainer della www.rasoconsulting.it, società di consulenza che aiuta e insegna a *Guadagnare in Immobili*.

Ha interagito con grosse personalità del Vaticano, per trattative private, nonché con i colossi del mondo immobiliare, tra i quali, la nota Pirelli RE e molti altri immobiliaristi. Oltre alla propria società di consulenza, Raso oggi dirige alcune tra le più grandi realtà immobiliari della Capitale. È rimasto orfano di padre all'età di sedici anni, e ha conosciuto le avversità della vita. Comprende in pieno cosa vuol dire "avere un sogno, avere coraggio, ma non avere i soldi per iniziare". Ed è per questo motivo che molti lo seguono, perché egli rende facile e accessibile a tutti *Guadagnare in immobili*. Oggi sono tantissime le persone che si arricchiscono grazie a lui.

Il suo motto, che lo ha accompagnato nella crescita professionale e che trasmette a tutti con grande successo, è: «Fai un passo per volta… ma che sia un passo da gigante!»

PREMESSA

Questo ebook è già alla sua seconda edizione, e le numerosissime richieste e il grandissimo successo che ha avuto – che ammetto inaspettato – mi hanno spinto a migliorarlo. L'ebook è stato concepito, ristudiato e modificato in una veste unica, per venire incontro alle esigenze sia di un pubblico alle prime armi, ma voglioso di iniziare, che di quella nicchia di esperti che vuole sempre essere aggiornata.

Mi sono ricordato di quando anch'io, come te, alle prime armi cercavo qualcosa in più, in corsi o libri tecnici di vario genere; e a quando, ormai esperto del settore, comunque non riuscivo a emergere. C'era sempre qualcosa che mancava... mancava la "scintilla" che realmente mi permettesse di fare la differenza. Dovevo: *imparare a pensare e ad agire da immobiliarista.*

Per raggiungere questo obiettivo l'ebook ha una prima parte **veramente importante**, che ha lo scopo di aprire gli occhi a chi non ha mai avuto modo o tempo di vedere realmente come stanno le cose, e di mutare **se realmente vuole**, il proprio modo di pensare. Se vuoi fare il tennista devi pensare e comportarti da tennista, quindi: *se vuoi diventare ricco devi iniziare a ragionare da ricco.*

Nella seconda parte andrò a illustrare man mano l'importanza e le alternative che offre il settore, fornendo tutte le nozioni tecniche – anche quelle riservate a pochi esperti – per farti da subito *Guadagnare in Immobili.* Troverai un insieme di nozioni tecnico-giuridiche pratiche, straordinariamente complete, poiché, prima di lanciarsi in un investimento importante come può essere l'acquisto di un immobile, è fondamentale avere scienza e, soprattutto, conoscenza di quello che si va a fare. Perché è facile spendere soldi, ma è difficile *Guadagnare in Immobili.*

Buona lettura!

Marcello L. Raso

Introduzione

Caro lettore, se hai deciso di comprare questo ebook significa che – come ho fatto io a suo tempo quando non avevo soldi – stai pensando di cambiare la tua vita, anche senza avere soldi. Sicuramente il mio punto di partenza è proprio questo: quello di cercare di cambiarti la vita, pure se non hai il denaro. Ti spiegherò, dall'inizio del percorso e fino alla fine, il modo in cui puoi **arricchirti senza soldi**.

Il nucleo portante di questo ebook è l'investimento in immobili. Andando avanti nella lettura scoprirai che, nonostante esso sia il mezzo più semplice per fare altri soldi, avere il denaro in questo settore non è indispensabile: **i soldi non servono**. Ogni singolo argomento che è stato trattato, oltre che a spingerti verso la ricchezza, è utile per farti comprendere che la cosa più importante per fare soldi con gli immobili, non sono i soldi. Occorre invece imparare **il giusto modo di pensare,** unito a tanta voglia di fare:

È tutto nella tua mente. L'unico ostacolo che potresti incontrare sulla strada della ricchezza non è il mondo esterno. Il peggior nemico è quello che vedi ogni mattina riflesso nello specchio: solo tu decidi realmente della tua vita.

Nell'ebook troverai tantissimi esempi che ti faranno comprendere come puoi fare soldi con gli immobili. Alcuni esempi ti saranno utili anche per dimostrarti che esistono due categorie di ricchi. La prima è costituita dai professionisti più pagati di ogni settore (come i calciatori, i cantanti, gli attori…), i quali in realtà si arricchiscono attraverso il lavoro che svolgono. E questi, come avrai modo di vedere, conservano e aumentano la propria ricchezza grazie ai migliori consulenti ed esperti, che investono il loro denaro nel settore più redditizio: quello immobiliare.

La seconda categoria è quella più interessante, ed è composta da coloro che chiameremo i *Mr. Big*, cioè quelli che si sono creati dal nulla. Vedrai che il 90% dei più ricchi del pianeta sono coloro che hanno iniziato da zero, senza nemmeno un soldo. Ciò dimostra che è stata solo la loro forza di volontà e il loro modo di pensare a renderli ricchi. È a far parte di questa categoria che devi aspirare! I Mr. Big sono quelli che sanno e sapranno sempre **come fare soldi**. Seguendo i miei consigli, potrai entrare a far parte di questa categoria, ma la voglia di fare spetta solo a te.

La storiella che racconto sempre a chi mi chiede come fare per diventare ricco è quella del viaggiatore e del cammello: «C'era una volta un giovane viaggiatore, che con il proprio cammello, dopo aver tanto camminato, si perse nel deserto. Erano ormai giorni che giravano, e sentivano le forze andar via, quando improvvisamente il viaggiatore scorse un'oasi. In quell'oasi intravide una freschissima fonte di acqua, ed è lì che si diressero. Arrivati alla fonte, il cammello, seppur assetato e incitato a bere, non volle bere e così morì».

L'aneddoto serve per far comprendere che a tutti si può mostrare la strada per arrivare alla fonte della ricchezza, ma non si può costringere nessuno a bere. Guadagnare con gli immobili può essere semplice, come imparare a nuotare se si ha un buon istruttore. Vedimi così: come il tuo migliore amico e consigliere, come colui che può insegnarti a nuotare in totale sicurezza.

Adesso riflettiamo un momento insieme su questa cosa: preferiresti un ebook fatto solo di teoria, oppure un ebook che ti spinga all'azione? È meglio stare fermi perché non sai come "muoverti", o è meglio riflettere e agire? Questo è il dilemma e lo affronteremo per risolverlo.

I più acuti, troveranno la risposta nel più grande paradosso dei nostri tempi: perché la maggior parte dei laureati cerca in qualsiasi modo di andare a lavorare alle dipendenze degli uomini più ricchi del mondo, che però non posseggono neppure una laurea?

Non a caso, una maggioranza di persone, diciamo pure un 80%, combatte quotidianamente con problemi economici, correndo dietro le bollette da pagare (che puntualmente il postino lascia nella buca delle lettere)... eppure non fa niente per cambiare le cose. Come mai tantissimi laureati non hanno un lavoro e sono disoccupati mentre un Bill Gates, che è l'uomo più ricco al mondo, non è neppure riuscito a laurearsi?

Non dimentichiamoci che c'è chi corre e affanna – come anch'io ho fatto – dietro le solite spese mensili ma che, comunque faccia, si trova a metà mese senza un euro in tasca. Tutti spendono la propria vita sfacchinando otto/dodici ore al giorno, in un ufficio o in un negozio, o tentando di piazzare polizze e piani d'accumulo, oltre che prodotti vari presso le grandi distribuzioni. Ma nonostante lavorino tanto, stentano ad arrivare alla fine del mese... e non riescono a uscire da questo circolo vizioso. Continuano a fare la stessa vita.

Chi di noi, tornando la sera a casa dopo una simile giornata, non ha avuto la voglia di cambiare, anche un giorno della sua vita con quella di un ricco? *Quasi tutti.* Chi lo ha fatto realmente? *Quasi nessuno.* È per questo motivo, per far sì che tutti possano migliorare il proprio standard economico trasformandosi in **nuovi ricchi**, che questo testo andrà a trattare anche argomenti che toccano il modo in cui viviamo, come ci rapportiamo al denaro, come lo usiamo, come occorre investirlo al meglio, e quindi come avvicinarsi al settore immobiliare, che è quello più sicuro per arricchirsi, anche per chi parte da zero.

A sedici anni sono rimasto orfano di padre, e ho conosciuto le avversità della vita. E proprio per questo motivo comprendo in pieno cosa voglia dire avere un sogno, avere coraggio, ma non avere soldi per cominciare. Per rendere questo ebook comprensibile a tutti, e per evitare inutili mal di testa, o l'abbandono della lettura, ho preferito, sempre entrare nel vivo degli argomenti trattati nel modo più leggero possibile. Avrai l'occasione per accorgertene.

Per concludere, ti pongo un altro quesito... Per com'è mutata l'aspettativa di una vita di benessere e agiatezza, nonostante la crisi economica mondiale, ogni anno ci sono nuovi ricchi. Quindi c'è sempre chi agisce, mentre gli altri restano fermi a guardare.

Tu cosa vuoi fare?

Il mondo dei ricchi ti aspetta.

Marcello L. Raso
www.rasoconsulting.it

CAPITOLO 1:

Il mercato statunitense e i mutui subprime

Trattando di immobili non si può ignorare quanto è accaduto negli Stati Uniti, perché il real estate (così viene lì denominato il settore dell'immobiliare) è stato chiamato più volte in causa. Analizzeremo insieme l'argomento che è stato sulla bocca di tutti per capire meglio se il sistema bancario degli USA è paragonabile al nostro, e quanto ha inciso effettivamente il real estate in sé e per sé nel problema mutui. Lascerò ai lettori ogni valutazione in merito.

La crisi finanziaria collegata ai mutui subprime è esplosa verso la fine del 2006 negli Stati Uniti e ha comportato gravi conseguenze in tutte le nazioni industrializzate, allarmandole tanto da far dire agli esperti che stiamo affrontando la peggior crisi economica dagli gli Anni '30, quando negli Stati Uniti ci fu la Grande Depressione economica.

Ma come e perché è iniziata?

Sul motivo sono tutti d'accordo: è dipeso dallo sgonfiarsi della cosiddetta "bolla immobiliare" statunitense, avvenimento che ha cominciato a produrre i propri effetti già nella primavera del 2007, effetti che sono diventati di tale portata a settembre/ottobre del 2008, col fallimento della Banca più prestigiosa tra quelle coinvolte: la Lehman Brothers. E qui tutti possono ricordare le riprese fatte dalla troupe della tv italiana, che rimandava le immagini degli impiegati della banca che dovevano abbandonare il posto di lavoro e uscivano portando in braccio gli scatoloni con gli oggetti personali.

Dopo queste prime riprese, ne sono seguire tante altre che facevano vedere gli impiegati di banche in difficoltà, come la Goldman Sachs o la Morgan Stanley, mentre i nostri quotidiani hanno stampato per mesi interi pagine e pagine sul sistema economico mondiale e nazionale, perché anche alcune banche italiane avevano nel loro portafoglio dei titoli cosiddetti "tossici".

Chiaramente tutta la situazione generale ha innescato una reazione a catena: la maggior parte delle persone si è spaventata, e persino chi viveva con una certa agiatezza ha iniziato a ridurre le spese. E questo indipendentemente dal fatto se avesse investito in cartolarizzazioni o meno. In risposta, tutti gli organismi governativi per arginare la crisi hanno adottato piani strategici per il rilancio dell'economia, e anche il Governo italiano ha varato tutta una serie di incentivi e detrazioni fiscali pur di far circolare denaro. Denaro che, una volta reimmesso in circolo e quindi speso, dovrebbe dare linfa e respiro alle imprese in difficoltà, che a loro volta temono di produrre dei beni che nessuno vuole o può acquistare.

La dobbiamo temere questa crisi?

Non spaventiamoci più di tanto perché l'Italia non è gli USA dei subprime.

Cos'è realmente accaduto negli Stati Uniti?

Del "problema subprime" hanno discusso e parlato veramente tutti, dagli economisti più accreditati a livello internazione come

Alan Greenspan, ex presidente della Federal Riserve, e il professor James K. Galbraith, figlio del compianto economista John Kenneth Galbraith, ed economista lui stesso (non a caso consulente del Congresso G20) ai giornali specializzati, come il *Financial Times* e *Il Sole 24 Ore*, nonché telegiornali e quotidiani.

Come nascono i subprime?

Gli osservatori della crisi sono stati oltremodo chiari e hanno evidenziato precise responsabilità nei confronti di chi aveva concesso prestiti a persone insolvibili, chiudendo entrambi gli occhi sulla loro capacità di pagarli. Hanno sottolineato che i debitori sono stati invogliati ad accendere mutui che non avrebbero potuto assolutamente pagare, allettati da tassi di interesse talmente vantaggiosi e bassi per anni, che tanto valeva chiedere un mutuo a tasso variabile, perché i tassi non avrebbero potuto che migliorare. In tutto questo marasma, anche i periti hanno fatto la propria parte, e pur di far concedere il prestito, supervalutavano il prezzo di mercato del bene.

Cos'è il mutuo cartolarizzato dei subprime?

Una volta concesso il mutuo, questo credito non restava più di proprietà della banca, ma veniva *cartolarizzato*, ossia ceduto a una "società veicolo" per trasformare il mutuo in titoli finanziari da immettere sul mercato a disposizione degli investitori. E moltissimi investitori di Wall Street hanno scommesso su questi titoli che racchiudevano i mutui subprime, senza che alcuno verificasse prima l'effettiva solvibilità del prestito sottostante. Così le borse sono crollate, il real estate è stato trascinato dentro e gli investitori hanno perso milioni di dollari.

Cos'è successo negli USA dopo i subprime?

L'economista americano Coleman S. Kendall, docente di Finanza presso le più qualificate università statunitensi e consulente finanziario nel proprio Paese oltre che in Europa e in Asia, in una recente intervista rilasciata nel febbraio 2009 è stato oltremodo chiaro e ha sostenuto «che nel real estate USA il peggio non è ancora passato, perché i costruttori hanno edificato troppi immobili durante il periodo d'oro della concessione dei mutui subprime».

Inoltre, il problema consiste nelle troppe cartolarizzazioni tossiche delle banche americane, che sommate insieme ammontano a un numero enorme, motivo per il quale il mercato solo molto lentamente andrà verso il riequilibrio. Ma alla domanda se ci fosse stato un crollo generale dei prezzi anche nel 2009, Kendall ha risposto che «i prezzi sono scesi dove erano cresciuti troppo in fretta dal 2002 al 2007 (ossia nelle periferie dove c'era stata una forte speculazione edilizia), ma erano calati in misura decisamente minore per le abitazioni in centro città e ben servite dai trasporti». Sintetizzando, Kendall ha racchiuso il concetto nelle tre parole, che in America sono i fattori che fanno la differenza nell'immobiliare: *location*, *location*, e *location*.

Cosa ha voluto dire Coleman S. Kendall?

Spetta a voi trovare la risposta. Ricordiamoci però, prima di lanciarci in un acquisto, che il mercato delle zone centro-residenziali regge sempre, crisi o non crisi.

Ma in Italia il mercato come va?

Il settore immobiliare ne ha risentito meno che altrove, anche se il costo delle abitazioni ha iniziato a diminuire dal 2007 e c'è stata una contrazione delle quotazioni dei capoluoghi, più al Centro Italia che al Nord e al Sud, anche per la maggiore offerta di immobili che sono sul mercato (fonte: Gabetti/Tecnocasa). Nel mentre, le nostre banche, pur avendo qualche problema di titoli tossici, cosa di cui il Governatore della Banca d'Italia Mario Draghi ha parlato diffusamente nei vari congressi che si sono tenuti in Italia e all'estero, ribadendo comunque che il nostro sistema è più sano rispetto agli altri. E comunque ci sono segni di una lenta ma continua ripresa.

Certamente tutti sapranno che il miglior momento per acquistare è quando il mercato è debole perché flette in discesa: e oggi il mercato del mattone è flesso. Ci viene data in questo periodo una grande opportunità per concludere ottimi affari a prezzi vantaggiosi, ma se aspettiamo che l'economia riprenda, i prezzi di mercato prenderanno nuovamente il volo, e quello che si acquista oggi a 100.000, domani si acquisterà a 130/150.000. Allora approfittiamo dei tanti immobili che possiamo trovare, ed esaminiamo insieme se il mercato del mattone è buono adesso, o se lo è sempre stato.

RIEPILOGO DEL CAPITOLO 1:

- SEGRETO n. 1: il mercato statunitense ha subito un duro colpo dovuto alle speculazioni effettuate in borsa.
- SEGRETO n. 2: in ogni caso, gli immobili si riconfermano sempre l'investimento più solido.
- SEGRETO n. 3: il mercato italiano, si differenzia notevolmente da quello statunitense, sebbene abbia risentito della crisi di questo.
- SEGRETO n. 4: è proprio nel periodo di crisi che emerge chi ha le doti e il coraggio di iniziare, anche con pochi soldi.

CAPITOLO 2:
La ricetta della nonna

Il mercato del mattone è sempre stato buono?Altroché!

Talmente buono, che anche mia nonna, che era nata nel lontano 1927, già sessanta anni fa l'aveva capito. Di mia nonna ho tanti ricordi e accade, quando si diventa adulti, che certi modi di fare ti ritornino alla mente, creando spunti di riflessione. Lei era una vera "business woman", ma non lo sapeva: con quattro figli da crescere e un marito impiegato nella Marina Militare, quindi con un solo stipendio, c'era poco da stare allegri. Ma come tutte le donne in gamba, non si è mai arresa o piegata a quel tipo di vita.

Aiutata da una sorella più giovane che le guardava i piccoli in sua assenza, si recava nel paese vicino, dove si trovava il rivenditore delle migliori gioiellerie, e con un piccolo deposito prendeva pochi gioielli da rivendere alle proprie amiche, a un prezzo inferiore a quello del negozio. Lo poteva fare *perché non aveva spese.*

Vendendo in casa, non si sobbarcava le spese d'affitto per un locale commerciale, non aveva l'onere di pagare una vigilanza privata per proteggere il negozio, tantomeno subiva i costi di pubblicità, o quelli per i dipendenti. Con il piccolo giro di denaro che stava creando dal nulla, le riuscì di coronare il proprio sogno: la casa di proprietà. Senza toccare lo stipendio del marito, che serviva per la famiglia, diede un piccolo acconto e accese un mutuo che veniva pagato dal suo business. E, ancora una volta, non si fermò qui.

La prima casetta acquistata sul corso principale del paese fu di soli due vani. E lì si trasferì tutta felice insieme al marito e i figli. Mise le due ragazze nella loro stanzetta e i due maschietti in soggiorno. Qui aveva messo un mobile alla francese, con il letto a scomparsa. Di giorno si potevano ammirare i piatti inglesi esposti sulla parte alta e a vetrina del mobile. Di sera la parte sottostante veniva tirata in fuori, e ne usciva un letto a due piazze.

La casetta fu rivenduta pochi anni dopo gravata di mutuo, ma a un prezzo notevolmente superiore a quello d'acquisto, che era stato ottimo. Il guadagno di questa vendita le permise di allargare il suo piccolo "giro d'affari" e di acquistare un secondo appartamento più grande, di tre vani, senza indebitarsi ulteriormente. In questo nuovo appartamento si liberò del mobile alla francese, che non le era mai piaciuto perché, diceva che le dava una sensazione di provvisorietà quel letto che appariva e spariva: per lei ognuno doveva avere la propria cameretta!

Sembrava che tutto andasse a gonfie vele adesso che i bambini avevano la propria stanza per studiare e ricevere gli amici. Invece si restrinse la cucina. I figli ormai grandi portavano a pranzo mogli o fidanzati e la cucina era terribilmente piccola per tutti loro. Così, per cambiare nuovamente casa, la nuova "scusa" era costituita non più dal mobile francese, ma dalla cucina. In effetti, mia nonna ci aveva preso gusto a comprare i migliori appartamenti, e nei posti più belli!

Ma come faceva a permetterselo?

Può sembrare inutile evidenziarlo, ma il ricavato della prima vendita aveva **azzerato** in pochi anni l'esborso iniziale servito per l'acquisto della prima casa. Il guadagno sulle altre, invece, era stato sempre notevolmente superiore ad ogni aspettativa, creando ogni volta un flusso di denaro inaspettato... e gradito!

Non dobbiamo dimenticare che:

- ogni singola casa era stata acquistata con denaro di terzi, ossia la banca;
- le rate di mutuo venivano pagate dai soldi extra che la nonna guadagnava col suo piccolo business di gioielli;
- ogni casa al momento opportuno veniva rivenduta, gravata di mutuo e con accollo a carico del nuovo proprietario;
- la differenza di prezzo, che la nonna chiedeva al nuovo acquirente, diventava un suo guadagno che *lei reinvestiva.*

Con questi accorgimenti, da smaliziata business woman, la mia nonna doveva per forza avere, oltre la dolcezza e la tempra delle donne di quei tempi, anche un innato senso degli affari. In effetti, precorrendo i tempi, aveva messo in atto le prime e fondamentali tecniche finanziarie:

- non gravarsi di spese superflue, se non le si può sostenere;
- usare denaro di terzi.

Se l'avessi ancora qui con me avremmo fatto tante cose insieme e le avrei potuto suggerire come disporre a vita di un ottimo cashflow. Con una personalità come la sua sarebbe stato il più bello tra i regali, certamente il più gradito. Era una donna eccezionale, e di certo vi avrebbe fatto molto piacere conoscerla, per l'energia e l'intelligenza finanziaria che aveva. Proverò quindi a tramandarvi la sua ricetta.

Tornando al mercato immobiliare attuale, posso affermare senza temere smentite che questo offre le opportunità migliori, perché la regola d'oro è questa: il vero affare nel settore si fa quando si acquista e non quando si vende. Mai come adesso, causa la crisi mondiale e la bolla dei mutui subprime, conviene acquistare, perché la recessione è una grande opportunità e il boom delle aste private e pubbliche sia in Italia che all'estero lo dimostra. Sul mercato ci sono tanti immobili di valore e pregio che prima sembravano irraggiungibili, ma che oggi sono alla portata di tutti. L'unico inconveniente potrebbe essere costituito dalla mancanza di liquidità, ma vedremo in seguito come aggirare quello che sembra un ostacolo insormontabile.

Il mercato immobiliare resta sempre il migliore. E allora spicchiamo il volo e lanciamoci dentro. Personalmente, lo trovo ottimo per tutta una serie di motivi. Il mattone ha sempre fatto gola a tutti: non a caso statunitensi e inglesi hanno investito dollari e sterline a non finire in Italia, specialmente in Umbria e Toscana; così, al pari degli stranieri che hanno investito nel nostro Paese, anche gli italiani seguono l'onda e investono in immobili italiani e esteri, soprattutto negli USA.

Ho un caro amico che vive a New York, a Manhattan da dieci anni; si chiama Mike e fa l'agente immobiliare. Parlando un po' di tempo fa con lui delle opportunità che il mercato statunitense offriva (dovute anche alla convenienza del cambio, perché l'euro guadagna sul dollaro) sono venuto a sapere di alcuni investimenti da parte di calciatori italiani, che dimostrano ulteriormente quanto sia consigliato questo settore, solo perché... rende! Quindi ho saputo che Bobo Vieri si era deciso ad acquistare a Miami in Florida una casa a un prezzo milionario perché si era stancato di pagare fior di quattrini per ogni notte passata in hotel: ottima decisione, perché ne ha risparmiati tanti e ha trovato un buon investimento.

Anche Adrian Mutu, il bomber romeno, ha scelto, comprando a Miami, nel famoso quartiere di Coral Gables, una villa di 450 mq per una cifra quasi irrisoria: appena 1.300.000 dollari. Lo ha seguito nell'investimento Andriy Shevchenko, l'attaccante ucraino: per accontentare la bella moglie, che non sopportava più il clima di Londra, ha speso tre milioni di dollari per un appartamento ancora tutto da completare, nella zona più prestigiosa di Miami.

Ma la palma per il miglior affare immobiliare, oltre che a Mutu, va ad Alessandro Nesta, che ha investito nell'esclusivo Bath Club di Collins Avenue, con un appartamento pagato solo 815.000 dollari.

Non dimentichiamo la regola aurea da tenere sempre presente:

REGOLA D'ORO: il vero affare nel settore immobiliare si conclude quando si acquista, e non quando si vende.

Il motivo è presto detto prendendo in esame l'acquisto di Shevchenko. L'immobile, pagato inizialmente caro, difficilmente potrà aumentare il proprio valore di mercato, e ciò per diversi fattori, non ultimo la legge della domanda e dell'offerta. Per cui, volendo disfarsene per qualsiasi motivo, e a maggior ragione con i tempi che corrono, il proprietario di tale immobile potrebbe non trovare un acquirente che sia disposto a sborsare la stessa cifra da lui pagata se non di più: pertanto dovrebbe "venderlo sottocosto", riportando una perdita anziché un guadagno.

Di questo parlavo con Mike, e concordavamo che tutta la faccenda, che può sembrare la curiosa stramberia di gente ricca che invece di andare al mare in Sardegna se ne va a Miami, non lo era affatto: tutto rispondeva alla logica del mercato, e dimostrava ancora una volta che i ricchi investono il proprio denaro al meglio. «E se lo fanno nel settore immobiliare,» mi diceva Mike, «ciò è dovuto ai consigli del loro consulente personale.» Purtroppo, non tutti ascoltano i buoni consigli e spesso si lasciano condizionare dagli amici o dai parenti, che sono a loro volta alla ricerca di un valido sistema per movimentare la propria quotidianità. Tra breve vedremo come.

RIEPILOGO DEL CAPITOLO 2:

- SEGRETO n. 1: se anche mia nonna, che era una casalinga e non aveva nozioni di business, è riuscita a fare affari con gli immobili vuol dire che tutti possono cominciare dal nulla, come ha fatto lei.
- SEGRETO n. 2: nel settore immobiliare esistono sempre nuovi affari e il boom delle aste ne è la prova.
- SEGRETO n. 3: tutti i ricchi investono in immobili, perché questo è il miglior investimento.
- SEGRETO n. 4: il vero guadagno si ottiene quando si compra e non quando si vende.
- SEGRETO n. 5: è possibile iniziare a investire anche partendo da zero, con i soldi delle banche.

CAPITOLO 3:
Il tuo bar sotto casa

La maggior parte delle persone, nonostante lavori veramente in maniera esagerata, quando pensa di dare una svolta alla propria vita, fa sempre un passo indietro, mai in avanti.

Mi capita sovente, le rare volte che sono a casa, di vedere presso il bar tabacchi in piazza, una decina di persone per volta che comprano biglietti del tipo “gratta e vinci”. Le prime volte mi stupivo, perché esse si spostavano tutte insieme verso un lungo banco dove si appoggiavano e grattavano con le chiavi o la monetina quei cartoncini. Poi quasi immediatamente, la fila dei “grattatori” si spostava a serpentone per aggirare il banco e diligentemente si metteva in riga, per comprare altri “gratta e vinci”, che trattava allo stesso modo. Sembravano tutti in preda a una mania ossessiva: in poco tempo, forse dieci minuti, spendevano dai 5 ai 10 euro a testa!

Neanche il tempo di buttare i cartoncini ormai inutili e di lasciare le loro postazioni di attacco, che altre persone – mamme che tenevano per mano il figlioletto, signore in età pensionabile, baldi giovanotti e coppie che entravano a braccetto – si mettevano in fila per chiedere due, tre, cinque biglietti da grattare. Andavano a sostituire sul bancone di appoggio quelli che erano appena usciti. E, addirittura, chi aveva vinto (comunque pochi spiccioli) spendeva la vincita sempre in "gratta e vinci" o simili. E ogni volta, nonostante conoscessero il risultato, insistevano.

È stato più forte di me, e ho fatto due calcoli mentali. Pensando tra me e me mi dicevo: «Se considero uno solo di questi gruppi di "grattatori" composto da 10 persone, che hanno speso in media 10 euro a testa in 10 minuti, sono usciti complessivamente dalle loro tasche in questo piccolo lasso di tempo ben 100 euro. E poiché un'ora è fatta da 60 minuti, quindi di 10 minuti x 6, i 100 euro vanno moltiplicati per 6, con il seguente gettito di denaro: 100 € x 6 = 600 € ogni ora. Ritenuto poi, che un esercizio commerciale resta aperto per 8 ore lavorative, il gettito deve essere moltiplicato per otto: 600 € x 8 = 4800 €… con il risultato, che a fine serata, lo Stato ha incassato senza muovere un dito la cifra record di circa 5000 euro!»

E stavo facendo i conti in cassa a un solo bar tabacchi. Se moltiplicavo questo incasso giornaliero per 1000 e non per la miriade di bar e tabaccherie che si trovano in ogni parte d'Italia, quella che ne usciva era una cifra da capogiro: questo si che è un bel cashflow.

Col mio giornale fra le mani me ne uscivo, ma la testa era ancora concentrata su quel fatto. Pensavo che quella variegata clientela senza rendersene conto sottraeva dal proprio budget – sicuramente già esiguo – almeno 150 o 200 euro al mese per appagare la vana speranza di una vincita milionaria.

Così tentavano di cambiare la propria vita. Non si accorgevano, che *desiderare il denaro* era più che positivo, ma non far nulla per averlo concretamente era il classico modo di pensare di un povero che vive di sole illusioni. Continuavano imperterriti a spendere il proprio denaro, senza pensare che andavano ad arricchire chi era già ricco. Se ci si riflette, non sembra molto intelligente affidarsi al fato, ma avviene spesso così, e moltissimi lo fanno, spendendo piccole somme che messe tutte insieme, come abbiamo visto, fanno un patrimonio.

A nessuna di quelle persone era venuto in mente di usare diversamente quel denaro per ricavarne un utile o una rendita che le consentisse di vivere meglio, e di *cambiarsi la vita da soli.* Nessuno si era mai preso la briga di spiegare loro, come non lo avevano fatto con me negli anni di scuola, che ogni euro ha un suo valore e che non va sprecato, e che questo vale a maggior ragione quando se ne hanno pochi.

Si erano talmente abituati a rincorrere il denaro che ne sprecavano altro macinando chilometri su chilometri, pur di non perdere di vista la fortuna. Qualcuno mi aveva riferito che gli appassionati di lotterie, appena sapevano che in una qualsiasi ricevitoria c'era stata una vincita, si spostavano in massa anche se dovevano andare in un'altra regione, pur di acquistare il biglietto proprio lì. Credendo forse, che la fortuna – come il postino di un famoso film – bussi sempre due volte, o magari anche di più.

Eppure basterebbe riflettere, che *se uno su un miliardo di persone vince*, dall'altra parte *ci sono un miliardo meno uno di persone che hanno perso!*

Vedi cosa succede quando il denaro è poco e si avverte la crisi economica? Aumentano a dismisura le spese in lotterie, "gratta e vinci" e superenalotto: per chi non sa *cosa fare*, queste cose restano l'unica valvola di sfogo contro le continue frustrazioni e delusioni quotidiane. Tutti si giustificano e dicono: «Sto comprando un sogno». Forse perché qualcuno ha detto loro che sognare non costa nulla. A conti fatti, abbiamo visto però che non è assolutamente vero. Ecco, questi atteggiamenti sono tipici di coloro che non hanno fiducia in se stessi e che non osano avere coraggio.

Se, invece, quattro amici che giocano al lotto, "gratta e vinci" e simili decidessero di fare sul serio e partecipando a un'asta immobiliare si aggiudicassero un immobile, con quella stessa cifra che mensilmente spendono, di sicuro potrebbero impegnarsi per la rata di un mutuo. E proseguendo per quella strada, arrivare ad arricchirsi.

Il guadagno dov'è?

Basta rivendere l'appartamento che si sono aggiudicati, maggiorandolo di poco, per liberarsi in un sol colpo delle spese di mutuo che cadranno a carico del nuovo acquirente, e ottenere così un utile immediato da dividersi in quattro. Ma di questo e altro, tratterò specificamente nel prosieguo del testo.

RIEPILOGO DEL CAPITOLO 3:

- SEGRETO n. 1: da oggi controlla il tuo bar sotto casa.
- SEGRETO n. 2: cosa vedi?
- SEGRETO n. 3: pochi soldi al giorno, anziché spesi male, messi insieme possono creare una grande opportunità alla fine del mese.
- SEGRETO n. 4: secondo te, se quattro persone di quelle del bar si mettessero insieme, con i soldi dei gratta e vinci di ogni mese potrebbero pagarsi insieme la rata di un mutuo per rivendere l'immobile comprato all'asta?

CAPITOLO 4:
Milionari non si nasce: si diventa. Fallo anche tu

Ho un particolare feeling con questo argomento perché ti sarà di grande aiuto affinché tu – come ho fatto io – possa apprendere che si può guadagnare con gli immobili effettivamente partendo dal nulla.

Non mi è mai accaduto di incontrare persone ricche che avevano il folle desiderio di fuggire dalla propria realtà. «Perché mai?», mi chiedevo… Possibile che vada loro tutto talmente bene che niente li scalfisce o riesce a distoglierli dai loro obiettivi? Più avanti negli anni ho iniziato corsi frequentati da persone di ogni tipo: casalinghe, imprenditori, studenti, impiegati, investitori. E lì ho trovato risposta a ogni domanda.

Il vero ricco, non è solo chi ha soldi o li trattiene, è quello che pensa da ricco.

Mi spiego meglio.

Mettiamo il caso che nella mia cerchia di conoscenti ci siano due ragazzi e che io, per metterli alla prova e vedere come agiranno, faccio un regalo di 10.000 euro a entrambi. Uno è un ragazzo di buona famiglia che è fidanzato, è già impiegato ed è fiducioso di quello che il futuro gli riserva; sicuramente, con il mio gesto, lo rendo felice in quel momento, ma non gli cambio di certo la vita. Lui andrà avanti e proseguirà il suo cammino, perché sta bene così.

La stessa somma, invece, è stata data all'altro ragazzo, che è anche lui già impiegato, fidanzato e deciso a farsi una famiglia, e che però è insoddisfatto del genere di vita che conduce. È desideroso di uscire da quel tipo di vita. **E ha un modo di pensare diverso**.

A lui succede qualcosa?

Sì. Con quei soldi, che sembrano una piccola cifra, posso cambiare decisamente in meglio la sua vita.

In che modo?

Quei 10.000 euro possono trasformarsi in una forza, perché saranno come una leva che gli darà la possibilità giusta per agire. Quella piccola somma rappresenta il trampolino di lancio dal quale egli andrà a spiccare il volo, **per riuscire**. E avendo tanta voglia di fare, unita al giusto modo di pensare, troverà la strada verso un'attività che lo soddisfi in pieno. Da cosa dipende se tra i due giovani quest'ultimo riuscirà ad affermarsi nella vita, e l'altro no?

Dalle motivazioni personali e da come sfruttiamo le nostre energie. E, soprattutto, dal giusto modo di pensare.

Questo giovane ha motivazioni diverse. **Vuole avere successo**.

Quindi, chi non si accontenta di quello che ha, perché sa che c'è molto di più dietro "il pane quotidiano", ecco: quello è il vero ricco, poiché ha dentro di sé un grande potenziale. Ha il coraggio di sfidare la vita e di osare. Ezra Pound infatti diceva: «Se un uomo non è disposto a correre qualche rischio per le proprie idee, o le sue idee non valgono nulla o è lui che non vale nulla».

È chi scommette su se stesso colui che riesce *sempre* a raggiungere lo scopo che si è prefissato. Molte persone, invece, hanno timore di agire e tengono gli occhi perennemente posati sul mondo dorato dei ricchi. Li seguono in tutte le loro vicende, da quelle sentimentali – che vengono amplificate dalla televisione e dai rotocalchi – a quelle economiche.

Spesso chi ne segue le alterne vicende non si meraviglia del loro successo, perché li reputa più in gamba degli altri o più agguerriti nel loro lavoro. Altri si illudono che i ricchi abbiano fatto soldi senza essere realmente bravi nel settore, ma solo grazie a qualche "conoscenza o aiutino" ricevuto. Altri ancora pensano addirittura che sia tutta opera di una fortuna sfacciata. C'è un pizzico di verità in entrambe le cose, tant'è che un vecchio proverbio dice che «… i soldi chiamano i soldi».

È vero. Una volta che hai iniziato a fare soldi, questi non ti lasceranno più. Bisogna solo evitare i facili errori. Nella vita esistono delle forze che non riusciamo a spiegarci. Ma ti posso assicurare che ci sono studi moderni, come la fisica quantistica, che lo dimostrano. Non ti chiedo di credere ciecamente a queste parole, bensì di provare. È un po' come usare l'auto e andare da un punto a un altro della città senza avere la necessità di conoscere come funziona un motore per poterci arrivare. Funziona, e questo basta. La cosa importante è il **risultato**.

Certamente penserai che sono solo belle parole. No, sono fatti. Ma se portassero realmente dei risultati, tu le ascolteresti? Se ti dessero la possibilità di fare un giro su una Ferrari e, dopo averla provata, dovessi solo decidere se tenerla o meno: lo faresti il giro? Perché, come diceva il grande Guido Angeli: «Provare per credere!».

Hai un sogno da realizzare?

Vuoi realmente fare soldi, anche se non ne hai?

La scelta è solo tua. Ti accorgerai che quello che fanno realmente i ricchi è pensare da ricchi, e solo dopo che l'avrai fatto avrai bisogno *anche* delle nozioni.

Riflettiamo un attimo insieme

Come mai, la maggior parte dei ricchi non è neppure laureata? Perché abbiamo moltissimi laureati senza soldi, che vorrebbero tanto lavorare per dei ricchi senza laurea? Eppure, una laurea fornisce moltissimi strumenti tecnici, nozioni su nozioni. Ma come mai queste non bastano? E come mai i ricchi guadagnano anche senza avere una laurea? C'è qualcosa forse che conta di più per fare i soldi? Segui questa breve storia e capirai....

C'era una volta un uomo di nome Henry Ford, il famoso industriale nel campo delle auto (come tutti avranno intuito). Questo potente industriale aveva però un'istruzione elementare. Veniva spesso criticato dai grandi economisti e professori proprio per la mancanza di quella cultura di base, al punto che essi trovavano mille pretesti per deriderlo, non sapendosi spiegare il suo successo. Un giorno capitò che a un incontro con queste persone, di cultura ma non ricche quanto lui, seccato dalle tante insinuazioni sul proprio conto, Ford decise di accettare la sfida propostagli: doveva dare risposta a qualsiasi quesito tecnico sulle materie ritenute necessarie – secondo quelle persone – per avere successo. E così fu. Il giorno dopo li invitò a presentarsi nel proprio ufficio per dare loro le risposte ai quesiti tecnici che avrebbero giustificato la sua enorme ricchezza. Quando i cervelloni furono entrati nella stanza di Ford, trovarono decine di sedie disposte innanzi alla scrivania, dietro la quale era lui; sopra di questa, invece, c'era una fila interminabile di telefoni.

Così iniziò la grande lezione di Ford nei confronti di coloro che si definivano *professoroni*. Per ogni domanda fattagli, Ford sollevava la cornetta e chiamava il miglior esperto della disciplina, che era stipendiato dallo stesso Ford e che forniva a questi *cervelloni* le migliori risposte pratiche, su tutti i quesiti: da quelli sull'ingegneria meccanica o idraulica, a quelli legali e così via. A Ford non serviva sapere tutto, anche perché ciò sarebbe stato umanamente impossibile. Aveva però quello che agli altri mancava, nonostante le loro lauree: **la capacità di fare soldi**.

Come hai intuito è il modo di pensare che arricchisce, non la presunzione del sapere.

Anche perché c'è sempre qualcuno che ne può sapere più di te. Ma se ragioni come Ford, anche senza una laurea, ti arricchirai. Poiché anche io ho dedicato allo studio molti anni, sia per laurearmi che per prendere specializzazioni su specializzazioni in ogni settore che reputavo utile, il suggerimento più grande che posso darti, a prescindere dalle mere nozioni scolastiche (che, per inciso, non mi sono servire a fare soldi) è questo: *impara a usare la testa e a credere in te stesso. Otterrai tutto, anche la ricchezza.*

Perché – vedi? – i concetti e le nozioni astratte non servono a niente quando la mente è in subbuglio, quando non si sa cosa si vuole realmente. Devi sapere però che il pensiero è energia e che questa va trasformata in azione. Quindi, il **primo passo** per raggiungere i propri obiettivi, è fare chiarezza con se stessi, su cosa si vuole realmente dalla vita. Il **secondo passo** è quello di imparare a usare bene la testa e agire. Il **terzo passo** è quello di imparare e farti consigliare da chi può farti arricchire anche senza soldi.

Questi sono stati i passi che ho fatto per avere successo. Seguendoli, ti accorgerai di vivere esperienze significative, che facendo tue – poiché nulla accade per caso – ti cambieranno la vita. E dopo che lo avrai fatto, comprenderai nell'ultimo Capitolo dell'ebook quello che ho voluto dirti.

Ma è veramente possibile partire da zero?

Sì. E adesso vediamo come ogni giorno possa accadere che sono proprio coloro che iniziano dal nulla a diventare i nuovi ricchi. Prendiamo il caso un imprenditore poco noto alle cronache mondane, ma straconosciuto nel mondo intero: Nerio Alessandri. Qualcuno si starà chiedendo chi sia, e allora andiamo a scoprirlo.

Questo signore, quando aveva poco più di vent'anni, nel 1983 fondò una piccola azienda nel garage di casa sua. La sua industria oggi è leader in Europa e si contende il primato nella produzione di macchinari da palestra e per la riabilitazione medica. Sì, stiamo parlando del signor Technogym, colui che è riuscito a sbaragliare dal proprio garage l'unico concorrente che esisteva nel settore, il colosso americano della Life Fitness.

E già questo può dare un'idea della spiccata personalità di quest'imprenditore. Perché pochi sanno, e chi lo sa non riesce a crederci, che egli non è nato di certo con i soldi in mano. Eppure li ha fatti, e ne ha fatti tanti. Da sempre cullava il sogno di fare l'imprenditore e proprio non ne voleva sapere di lavorare sotto un capo. Sapeva bene cosa intendeva, poiché aveva passato i primissimi anni della propria giovinezza lavorando in un'azienda di Cesena, che produceva macchine per packaging nel campo della frutta.

Una canzone di qualche tempo fa diceva che «ci vuole un fisico bestiale». Ma a vent'anni il nostro giovanissimo e futuro imprenditore non ce l'aveva affatto. Anzi, a dirla tutta, era piuttosto sul mingherlino, motivo per il quale decise di frequentare una palestra per farsi un po' di muscoli. E in quella palestra avvenne il primo miracolo, attraverso l'uso della testa però. Circa venticinque anni or sono le palestre erano dotate di pochissime attrezzature, a maggior ragione quelle di un piccolo paese della Romagna, dove il futuro Mr. Technogym non trovava nulla di veramente adatto per potenziare al meglio i propri muscoli. **Da lì l'idea vincente**.

Se ne andò nel garage di casa, dove teneva degli attrezzi da meccanico (perché gli piaceva industriarsi sulle cose) e mise su un macchinario che poteva tornare utile sia ai suoi muscoli che a quelli dei clienti della palestra. Si fece aiutare in questa prima impresa non da un ingegnere o da qualche grande esperto, bensì da un amico carpentiere.

Un altro amico, questa volta un verniciatore, passò per dare un tocco estetico all'attrezzo con una bella mano di colore. Una volta portata la macchina in palestra, la voce si sparse tra gli sportivi e gli addetti ai lavori. Il primo attrezzo per fare palestra andò letteralmente a ruba. Il successo fu senza precedenti.

Euforico e pieno di voglia di fare, il giovane Nerio inventava e perfezionava altri attrezzi. Improvvisamente, si trovò a ricevere tanti ordinativi che rischiavano però di restare inevasi. Da solo non ce la faceva più, dovendo lavorare durante la notte. La colpa del lavoro notturno era dei genitori, che gli impedivano di licenziarsi e di abbandonare il posto fisso. Ma lui non si fermava, continuava a lavorare, anche di notte. Così, in breve tempo, nonostante la stanchezza che accumulava per il doppio lavoro – quello in fabbrica e in proprio – Nerio andò avanti: iniziarono a fioccare gli ordini per gli attrezzi! Chiamò cinque persone che erano state messe in cassa integrazione, e da queste si fece aiutare.

Ma come gli arrivavano gli ordini in un garage? Tramite una cabina del telefono pubblico! Perché il giovane imprenditore non aveva il telefono in casa… figuriamoci nel garage! Non esisteva ancora il cellulare, e anche se ci fosse stato, non se lo sarebbe potuto permettere.

Ma allora dove trovava i soldi per lavorare? Da nessuna parte. Era al verde, letteralmente senza una lira. I genitori non potevano aiutarlo e soprattutto non riuscivano a vedere, in quello che sembrava un hobby, un futuro lavoro o un'attività redditizia. Figuriamoci le banche! Per loro neppure esisteva e nessuna gli avrebbe fatto credito.

Il giovane Nerio, per andare avanti e soddisfare le richieste, doveva inventarsi ancora qualcosa: **farsi pagare in contanti**. Ed essendo egli un signor Nessuno, a quei tempi non deve essere stato facile né per lui né per i clienti. Quando si ha un'impresa e non si hanno soldi, i problemi possono diventare infiniti, perché appena ne hai risolto uno ecco che ne spunta un altro.

Per Nerio c'era anche l'incubo dei fornitori. Per loro quel ragazzo che s'era appena affacciato sul mercato era un perfetto sconosciuto: non volevano correre il rischio di effettuare le consegne del materiale senza essere prima pagati. Ma il giovane imprenditore, fidandosi di se stesso e delle proprie capacità, li travolse.

Riuscì a ottenere delle dilazioni nei pagamenti chiedendo un po' di tempo, giusto quello di incassare qualche ordine e onorare gli impegni presi. Trattare e convincere terzi e fornitori a dargli un minimo di fiducia e credito richiese senz'altro una notevole dose di coraggio da parte di un giovanotto di appena vent'anni.

L'avventura nel mondo degli affari stava per iniziare. Nerio voleva a tutti i costi diventare un imprenditore di successo. Aveva scelto una strada difficile, e intendeva andare fino in fondo. E gli altri? Quelli che stavano a guardare? Cosa fecero? Avvenne che, il giorno in cui trasferì la sua piccola industria, portandola dal garage in un capannone di appena 100 metri quadrati che aveva preso in affitto, gli risero dietro. Nel paese non si parlava d'altro. Non si può affermare che per il Signor Technogym scalare la vetta del successo e arrivare in alto sia stato facile.

Allora caro amico, dimmi tu: come si fa a non reputare intelligente, determinato, in gamba e *ricco* un uomo che a soli vent'anni è andato dritto per la propria strada senza l'aiuto economico di nessuno? Non è forse partito dal nulla questo grande imprenditore romagnolo, dotato di spirito di iniziativa, di voglia di fare e di idee tanto vincenti da creare un **impero economico**? Analizziamo meglio come egli ha usato la testa e come, *solo* grazie a questa, è arrivato. E osserviamo attentamente quali sono stati i suoi più grandi investimenti.

La **sede generale** dell'azienda si trova nella provincia di Forlì-Cesena, ma altri **tredici immobili** ospitano le aziende sparse in tutta la Romagna. In **dodici immobili** ci sono le sedi di altrettante filiali estere, che spaziano dall'**America** al **Giappone.** I suoi *collaboratori*, così ama chiamarli il signor Technogym, ammontano a circa 2800. Il suo fatturato si aggira sui **230.000.000** di euro, di cui l'80% per le sole forniture estere. È stato insignito a soli quarantatré anni del titolo di Cavaliere del Lavoro, ed è il più giovane in assoluto che abbia mai ricevuto tale nomina. Nel 2003 la sua attività di impresa, è stata inserita nella Top Ten, ossia tra le prime dieci aziende europee per la qualità dei prodotti, ma soprattutto tra le prime in cui si lavora meglio. Si è guadagnato per questo motivo le copertine di riviste prestigiose come *Fortune* e *Business Week*. Ecco un grande segreto che ogni imprenditore dovrebbe apprendere e far proprio: **le aziende dove**

si lavora con il sorriso sono quelle che raggiungono i migliori risultati.

Cosa significa?

Vuol dire che ogni collaboratore di quest'impresa non si sente sotto pressione, non è sottoposto a stress perché il datore di lavoro è stressato a sua volta. La qualità della vita aziendale è ottimale a punto tale che ognuno collabora realmente, e con piacere, alla produzione. Sono tutti uniti e compatti. È lo stile che adotto anch'io nelle mie società, lavorando sempre con il sorriso insieme al mio team, e te lo consiglio vivamente. È lampante che da moltissimi anni nessuno in paese rida più di lui, ma che egli venga indicato ad esempio e vanto di tutti.

Sulle idee e la magnifica vita che si è letteralmente *inventata* il giovane Nerio – da operaio a imprenditore – non vado oltre, poiché quanto detto già basta e avanza per comprendere che: **per diventare ricchi il punto di partenza non sono i soldi**. Come hai potuto constatare, infatti, **se uno vuole il successo, ci riesce**.

Non ci sono *ma* o *se* che tengano. E non serve necessariamente avere i soldi per intraprendere un'attività. **Il giovane Nerio lo ha dimostrato: per arricchirsi basta volerlo.**

RIEPILOGO DEL CAPITOLO 4:

- SEGRETO n. 1: a cosa è servita questa "piccola occhiata" nella vita di un imprenditore che si è fatto dal solo? A cogliere e fare nostro il "Nerio-pensiero", che consiste in tre concetti importanti da tenere sempre presenti:
  1. ci vuole testa e fiducia in se stessi;
  2. bisogna avere una strategia e seguirla con costanza;
  3. occorre individuare un buon mercato.

CAPITOLO 5:
Il mercato immobiliare e un altro Mr. Big

Oggi non è facile trovare un buon mercato che consenta a chiunque di poter guadagnare. Questo occorre dirlo, ma bisogna anche dire che per chi sa *vedere* fuori esistono milioni di opportunità. E oggi **uno dei migliori mercati nei quali è possibile investire e fare tanti soldi è quello degli immobili**. L'esplosione delle aste giudiziarie e l'affluenza di pubblico che partecipa alle gare confermano sempre più la mia tesi: il mattone è sempre in testa e non teme nessuna concorrenza. E su questo argomento tornerò più volte, analizzandolo anche in maniera divertente oltre che interessante.

Trattando degli immobili e di quanto questi siano strettamente legati ai ricchi e famosi imprenditori, andiamo ad aprire insieme un'altra finestra sul mondo dei ricchi, dove troviamo un'altra persona, che prima di diventare un re Mida, era un comune mortale alla pari di tutti. Stavolta il personaggio è di altro genere, ma anche lui è nato dal nulla ed è famoso a livello mondiale col suo stesso nome, che è diventato come un brand: Flavio Briatore.

Inizialmente era solo il ragazzotto che veniva dalla campagna del Cuneese, ma oggi può tranquillamente sbandierare a tutti la propria ricchezza immobiliare, le auto di lusso, le barche e le belle donne. Il suo pallino per gli affari è indiscutibile e lo ha portato molto lontano dall'originario paese di campagna.

Un esempio del suo fiuto eccezionale, che molti gli riconoscono e per il quale gli sportivi gli sono grati, è il successo in Formula Uno. Dopo che Briatore rilevò la scuderia Benetton, questo è diventato un marchio vincente con Michael Schumacher (che è stato campione del mondo per ben due volte), ma soprattutto un multimilionario business di risonanza mondiale.

La capacità di divertirsi mentre si guadagna non è da tutti, ma il signor Geometra (questo è il suo unico titolo di studio) c'è riuscito perfettamente. Si è divertito anche nel trovarsi da solo gli sponsor per la Formula Uno, i quali, partecipando, gli hanno ripagato ampiamente tutte le spese da lui sostenute e anticipate per il team delle gare. È chiaro che dalla sua attività ha tratto vantaggio anche la Benetton, che grazie a Briatore e alle sue idee ha beneficiato di una pubblicità planetaria. E il costo di questo genere di pubblicità avrebbe superato di molto i sette milioni di euro all'anno, nel caso la Benetton l'avesse fatta a proprie spese: solo questa cifra riesce a darti l'idea del volume del business messo su dal *ragazzo di campagna*!

Eppure molti uomini continuano a invidiare a questo imprenditore non tanto la posizione finanziaria raggiunta, ma la capacità di flirtare con le più belle donne del jet set, tra cui Naomi Campbell (con la quale ha avuto una storia durata due anni) oppure Heidi Klum, con la quale si vociferava avesse avuto un figlio; e oggi è felicemente sposato con la giovane e avvenente Elisabetta Gregoraci.

In effetti, quello che lo ha portato nel bel mondo, dove è tutto più facile e sicuramente è agevole fare affari – vista l'abbondanza di denaro che circola – *è stata la sua voglia di affermarsi.* Egli non si accontentava di restare a guardare: voleva far parte di quel mondo. È questo il vero motivo per cui deve essere invidiato. Le belle donne e il mondo che le circonda sono solo una piacevole conseguenza.

Ma il Tribula – questo è il vecchio soprannome datogli dagli amici di giovinezza perché tribolava veramente prima di diventare un ricco tra tanti ricchi – oltre a dedicarsi alla Formula Uno, a corteggiare le donne più belle e famose, a girare per i più bei mari sul suo yacht, come ha investito i suoi soldi? In immobili.

Tutti conoscono il famosissimo Billionaire, il locale più *in* ed esclusivo della Costa Smeralda, dove i vip e gli aspiranti vip folleggiano nelle calde notti dell'estate sarda. Altro immobile di prestigio nel quale Briatore ha investito denaro è il Twiga Beach Club, uno tra i più belli e rinomati stabilimenti balneari della Versilia. I soci che lo aiutano nella gestione del Beach sono Daniela Santanchè e Paolo Brosio.

Ma gli investimenti immobiliari non si fermano qui. Il fiuto del nostro imprenditore lo ha portato a investire negli Stati Uniti, dove ha preso un appartamento a New York, e a Londra, dove ha acquistato una villa. Poi si è innamorato di Parigi, dove ha comprato un attico, e anche di Atene, dove ha acquistato un pied-à-terre, ma sembra che tutto il suo amore vada alla tenuta in Kenya, dove ospita nella massima riservatezza politici e superstar.

Cosa si può dedurre da questi esempi?

Molto. I due imprenditori prima di diventare ricchi erano delle persone comuni, *ma con uno speciale modo di pensare.* Non puntavano solo sul denaro, che peraltro non avevano, ma sulle proprie capacità. Ognuno di essi, sapeva di avere dentro di sé un quid da valorizzare e tirare fuori.

È stato questo che ha funzionato?

Sicuramente. Questa è stata la leva, la spinta, il trampolino di lancio, la forza (chiamiamola come più ci piace e aggrada) che ha permesso ai due aspiranti ricchi di trasformare i propri desideri in realtà. Quindi si confermano due tesi, valide per tutti, e di importanza fondamentale:

1. non occorre avere denaro per creare altro denaro; in caso di necessità ci sono banche e finanziarie: sono state inventate per questo;
2. il miglior campo in cui oggi i ricchi usano investire i propri soldi è quello degli immobili: investono milioni e milioni di euro in stabilimenti, ville e case, sparse su tutto il pianeta.

Ormai conosciamo il modo nel quale investono tutti i ricchi... A tal proposito, mi viene in mente che quando ero ragazzo e non avevo molti soldi in tasca, a Ischia, dove andavo a villeggiare, girava da sempre una nota “leggenda metropolitana”. Me ne diede conferma, in tutta confidenza, il figlio della proprietaria di un piccolo albergo nella zona di Ischia Porto. Mi disse che se si voleva mangiare bene e spendere poco senza farsi spennare vivi da alberghi e ristoranti, si doveva andare nelle pensioni “tutto compreso”, dove alloggiavano i Tedeschi. Questi avevano la fama di farsi il giro di tutti gli alberghi e le pensioni dell'isola per andare a vedere con i propri occhi le stanze dove avrebbero dovuto alloggiare. Dopo aver preso visione della pulizia delle stanze e della veduta o distanza dal mare, con il pretesto che non capivano la lingua, si facevano portare nelle cucine, dove con gesti e ammiccamenti vari indicavano cosa avrebbero voluto nel menù per le due colazioni e la cena.

Se rimanevano soddisfatti, pattuivano il prezzo del soggiorno con la pensione completa; in caso contrario, se ne andavano via. Questa specie di rituale però, giovava a entrambi, albergatori e pensionanti. Infatti, una volta che i Tedeschi avevano stabilito che quella era la pensione adatta alle loro tasche e alle loro esigenze, si trasformavano da quell'anno in avanti in clienti affezionati e fedeli, prenotando puntualmente presso quella pensione ogni estate. Il detto è rimasto valido ancora oggi: *se vuoi mangiar bene e spendere meglio, segui i Tedeschi.* Io l'ho fatto più volte e mi sono trovato bene! Rapportando la leggenda ischitana agli investimenti, possiamo affermare: **investi come un ricco e diventerai anche tu ricco**.

RIEPILOGO DEL CAPITOLO 5:

- SEGRETO n. 1: milionari non si nasce, si diventa.
- SEGRETO n. 2: bisogna provare per credere.
- SEGRETO n. 3: se non hai esperienza, per iniziare circondati delle persone che ti possono aiutare a guadagnare evitando i rischi.
- SEGRETO n. 4: tutti gli uomini più ricchi del mondo hanno iniziato dal nulla.
- SEGRETO n. 5: non occorre avere denaro per creare altro denaro.
- SEGRETO n. 6: l'investimento immobiliare è sempre quello preferito dai ricchi.
- SEGRETO n. 7: diventa un Tedesco negli investimenti, e fai quello che fanno i ricchi. Di conseguenza diventerai ricco!

CAPITOLO 6:
Perché investire negli immobili

Raggiungiamo subito il *dunque*, comprendendo facilmente attraverso alcuni esempi del perché in Italia, ancor più che in altre nazioni, conviene investire in immobili. Procediamo illustrando alcune tipologie di investimenti…

Le azioni

Se tu fai parte di quelle poche persone che con i tempi che corrono, e la ridotta capacità di acquisto dell'euro, arriva a fine mese e ha anche qualcosa da parte da investire, non ti stupire del suggerimento: la prima cosa da fare è correre verso il primo santuario che incontri e là, da uomo o donna fortunata quale sei, devi accendere un cero di ringraziamento al santo protettore delle finanze, che ti ha permesso di mettere da parte un po' di risparmi… Dopo aver espresso la tua immensa gratitudine, possiamo dedicarci all'investimento.

Poniamo il caso che tu abbia da parte 30.000 euro. Con questo denaro in tasca vai ad acquistare le azioni che preferisci o che secondo i media o l'esperto di turno sono le più redditizie sul mercato.

Capitale iniziale	30.000 €
Acquisti un controvalore in azioni di	30.000 €
Capitale totale	30.000 €

Per realizzare dei rendimenti sul tuo acquisto, che non saranno costanti poiché dipendenti dai mercati, dovrai attendere un bel po', e seguire l'altalena: vanno su, vanno giù, vanno su... A questo punto deve sorgere spontaneamente una domanda: *perché alcuni si arricchiscono con le azioni e altri no?* La risposta già dovrebbe far parte del bagaglio culturale-finanziario di tutti...

Le azioni presentano una certa alea di rischio, proprio perché si tratta di investimenti molto interessanti dal punto di vista del guadagno. Ma chi non ha una buona conoscenza di questo settore finanziario, o una valida esperienza perché nessuna scuola glielo ha insegnato, *deve* farsi aiutare da un consulente serio e affidabile, altrimenti rischia di perdersi. Le statistiche sull'argomento sono eloquenti.

In borsa bisogna saperci fare: circa il 90% delle persone che si cimentano da sole e senza esperienza perdono il proprio capitale, che molte volte è il risparmio di tutta una vita. In questo caso il gioco non vale la candela. Non si deve mai sfidare il mercato azionario senza l'aiuto di una persona esperta: solo così si possono fare buoni affari. *Ecco svelato un altro segreto dei ricchi: affidarsi ai migliori professionisti del settore.* E poiché desidero dimostrare come rende il mercato del mattone, andiamo a sviluppare adesso l'altro tipo di investimento.

Guadagnare con gli immobili

L'Italia è la nazione in cui chiunque possegga una busta paga che gli consenta di avere credito presso una banca, appena può, accende un mutuo per comprarsi la casa. Rispetto alla Francia, che ha una media sotto il 45%, l'Italia è tra le prime nelle classifiche europee con oltre l'80% delle famiglie che hanno acquistato una casa.

Sarebbe il caso di chiedersi come mai la quasi totalità degli italiani, rispetto alla media europea, preferisca indebitarsi a vita pur di avere una casa di proprietà, invece che chiedere un prestito finalizzato a un arricchimento, come fanno tutti i ricchi. Credo fermamente che gli immobili siano per qualsiasi persona non soltanto un buon investimento, ma quasi sempre il migliore, più di quanto si possa immaginare. E il più sicuro per iniziare. Adesso, per quel che ci riguarda, bisogna solo fare un po' di calcoli sui 30.000 euro che hai a disposizione. Con 30.000 euro da investire nel settore immobiliare cosa puoi acquistare? Tanto.

Mettiamo il caso che tu abbia adocchiato un immobile: basta seguirti nell'investimento e osservare attentamente. Puoi dare un anticipo e prenderti quel bell'appartamento che hai visto a 200.000 euro. Non è proprio in zona centrale, ma per guadagnarci su va bene. Poiché la cifra è alquanto modesta, come puoi procurarti altro denaro? Semplicemente in questo modo:

1. la prima mossa da fare è quella di impegnarsi con un **preliminare** con il promittente venditore;
2. con quest'atto vai in banca e chiedi un mutuo, anche per tutta la somma che ti serve (ossia 170.000 euro), che restituirai nel tempo a un tasso di interesse minimo.

L'ultimo applicato corrisponde al 5,39 % annuo.

Cosa hai guadagnato?

- 170.000 euro subito;
- e una casa.

Ricapitoliamo:

capitale iniziale	30.000 €
prestito bancario	170.000 €
capitale finale	200.000 €

Come ben vedi, il modesto gruzzoletto che hai messo da parte, investito nel mattone è stato in grado di sollecitare un prestito immediato dalla banca pari ad altri 170.000 euro. Quindi sei riuscito con soli 30.000 euro a effettuare un investimento totale ben più alto, addirittura di 200.000 euro. Inoltre, solo attraverso questo tipo di investimento puoi ottenere un bene che rappresenta per le persone alle quali lo proporrai molto più di quattro mura, perché contemporaneamente vai a soddisfare una loro esigenza primaria: la certezza di avere un tetto sicuro per la famiglia. Dopo aver letto questo, potresti erroneamente pensare che le banche sono benefattrici dell'umanità! Niente affatto.

Se gli istituti di credito elargiscono facilmente il prestito non appena sentono la magica parola *casa,* bisogna solo apprezzare e ringraziare il loro fiuto. Se ci danno i soldi necessari, il motivo è uno solo: stanno facendo un affare. Principalmente perché il loro denaro non è gratuito ma prevede un tasso di interesse. Inoltre, è garantito da un bene reale, per l'appunto la casa, sulla quale hanno provveduto prima di concederti il mutuo a iscrivere un'ipoteca legale a garanzia del prestito qualora non restituissi i soldi avuti.

Infine, le banche dormono sonni tranquilli poiché sanno, meglio di chi deve acquistare, che gli immobili sono un investimento sicuro e che si rivalutano molto facilmente nel tempo.

Come hai potuto notare, guadagnare nell'immobiliare è tra i vari investimenti uno tra quelli più sicuri ed è in grado di garantirti molto, investendo meno. Ti permette di "acquistare" più ricchezza rispetto ad altre forme di investimento: difatti puoi acquistare una casa oppure un terreno o dei garage anche dando un minimo di anticipo. Sarà la banca a sborsare l'intera somma necessaria in virtù del solo preliminare di compravendita tra le parti, che spesso puoi concordare anche per cifre molto basse.

E chi non ha soldi?

Conosco persone che non avevano neppure i soldi iniziali per un preliminare, ma sono riuscite a farseli prestare da amici e parenti garantendo loro una parte del guadagno. Dell'importanza del preliminare per quanto attiene la compravendita di un immobile o delle sue molteplici funzioni, tra le quali farci guadagnare nel campo immobiliare, tratterò in maniera approfondita più avanti. Adesso vorrei solo chiarire alcune cose, collegate agli argomenti che finora sono stati trattati.

Volutamente mi sono spinto nell'esporre due modi diversi di investire denaro per guadagnare, perché è evidente che non esistono sul mercato finanziario solo ed esclusivamente gli immobili, ed è altrettanto evidente che, avendo preso ad esempio anche le azioni, il tutto potrebbe apparire a maggior ragione oggi come un esempio facile, perché (come si suol dire) *sto sparando sulla Croce Rossa.*

Ma quest'ultima affermazione non corrisponde a verità. Perché, se molti hanno investito e perso in azioni, proprio per la cosiddetta "bolla dei subprime" altri hanno invece vinto in maniera pazzesca. La peculiarità consiste nell'alea di rischio che alcune forme di guadagno possono comportare, alea che, investendo negli immobili, è quasi del tutto assente se ci si sa muovere! I giocatori d'azzardo perdono quasi sempre…

Anche il racconto delle scelte di vita dei due giovani che erano partiti dal nulla ma volevano “sfondare”, e riuscendoci sono diventati due Mr. Big tra i più ricchi imprenditori italiani, aveva un proprio scopo.

Scopo che non era certamente quello di paragonare la loro vita alla nostra, o di suscitare invidia o altro per lo status sociale da essi raggiunto, ma racchiudeva e dimostrava praticamente che: **puoi diventare ricco anche senza soldi**.

RIEPILOGO DEL CAPITOLO 6:

- SEGRETO n. 1: il mercato immobiliare è e sarà sempre una certezza.
- SEGRETO n. 2: puoi diventare ricco anche partendo da zero.
- SEGRETO n. 3: il mercato azionario, come si è verificato, è più suscettibile a speculazioni a danno degli investitori.
- SEGRETO n. 4: quando il mercato immobiliare flette è solo un vantaggio per chi investe, perché è il momento giusto per acquistare.
- SEGRETO n. 5: le azioni vanno, gli immobili restano.
- SEGRETO n. 6: se chiedi un prestito ad amici e/o familiari hai più garanzie di successo se dici che vuoi investire nel mattone anziché altrove.

CAPITOLO 7:

Il segreto di un grande immobiliarista

È chiaro che diventa tutto più facile se si parte con un capitale anche piccolo, ma il fatto di non averne – come insieme abbiamo constatato – non deve farti rinunciare a un sogno che si può trasformare in realtà: **guadagnare e vivere felice**. Solo così puoi essere libero dagli assilli delle scadenze, delle bollette varie o delle tasse da pagare. Basta apprendere velocemente, e poi mettere in pratica, il segreto che è stato nascosto a tutti noi che eravamo troppo indaffarati a sbarcare il lunario: *gli investimenti immobiliari sono tra quelli che ti arricchiscono meglio e subito*.

Poiché abbiamo seguito passo dopo passo varie idee vincenti, e abbiamo notato che esistono ulteriori modi per diventare ricchi, confermeremo che la migliore forma di investimento resta sempre quella immobiliare. Infatti, personaggi del calibro di Bill Gates con la Microsoft, Steve Jobs con l'Apple, e McDonald's e i suoi immobili (e non gli hamburger…) hanno fatto denaro grazie al loro modo di pensare e alla perseveranza, poiché – come abbiamo avuto modo di vedere – erano già ricchi dentro.

Ma nessun vero imprenditore si ferma appena ha raggiunto il primo obiettivo. Se gli introiti dell'attività non venissero reinvestiti subito e nel miglior modo possibile, tutti gli imprenditori si troverebbero a un passo dal fallimento in meno di tre anni.

E indovina in cosa investono?

Prendiamo in considerazione il caso di McDonald's. Tutti pensano che si sia arricchito vendendo hamburger e patatine.

Non è vero.

Quella è stata l'idea che lo ha reso famoso, ma la sua immensa ricchezza deriva dagli immobili. Sì: ha sempre comprato unicamente immobili. Come è noto, negli Stati Uniti qualunque persona di una certa rilevanza socio-economica viene invitata dalle Università a tenere delle lezioni, per spiegare agli studenti qual è stato il proprio percorso di vita ma, soprattutto, quali sono le “dritte” da seguire.

Ebbene, in una di queste conferenze tenutasi presso l’Università del Texas, Ray Kroc (questo è il vero nome del fondatore della famosa catena) rivelò che la sua *vera attività* consisteva nello scegliere con oculatezza il terreno e quindi la posizione strategica dove far nascere i propri esercizi commerciali. Investendo in terreni situati al top per affluenza di automobilisti a causa degli incroci e degli svincoli delle strade, nel momento in cui cedeva in franchising i locali, l’interessato non solo pagava il brand McDonald’s (compreso quello che rappresentava in termini di pubblicità e immagine) ma, soprattutto, pagava l’immobile che Kroc aveva acquistato.

L’interessato poteva rendersi conto, ancor prima di firmare il contratto, se il nodo stradale in cui era situata l’attività commerciale già da solo poteva fare la sua fortuna, o meno. E chiaramente Mister McDonald's, da buon investitore qual era, aveva preso il meglio che il mercato immobiliare gli offriva, per cui all'interessato non restava altro da fare che sganciare i tanti dollaroni richiesti per vendere gli hamburger.

Oggi **McDonald's è il più grande proprietario immobiliare del mondo,** occupando i più costosi incroci e angoli stradali degli Stati Uniti oltre che di altre nazioni. Ed è un'ulteriore conferma il fatto che abbia cominciato dal nulla vendendo miscelatori per frullati.

Queste "dritte" sono indubbiamente utili da conoscere quando ci si mette in affari, ma da sole non bastano. Devono andare a braccetto con tante altre conoscenze e tecniche di notevole interesse che nessun istituto scolastico si è mai preso la briga di spiegarci, tant'è vero che anche dopo studi universitari specifici nessuno diventa business man, ma deve fare master su master, oppure iscriversi a dei corsi privati che gli insegnino teoria e pratica insieme.

Ma questa formazione continua, se da un lato arricchisce la mente, dall'altro indubbiamente porta via tempo e denaro.

Allora cosa è meglio fare?
Devi essere aperto ad ogni opportunità pratico-economica e farla quanto più possibile tua, apportandovi dei miglioramenti e perfezionandola: solo così la potrai adattare alle tue iniziative future. Devi imparare quello che nessuna scuola ha mai insegnato: come prendere la vita nelle tue mani, come fare soldi, come diventare ricco e come gestire la tua ricchezza.

Andare a scuola o all'università è necessario, tant'è vero che lo Stato ha istituito la scuola dell'obbligo, almeno fino alla scuola media. Con un'adeguata istruzione la mente immagazzina dati che per tutta la vita troverà riposti nel giusto cassettino. All'occorrenza basta aprire questo o quell'altro file nella memoria e si può sfoggiare tutta la propria scienza, lasciando di stucco chi ha studiato tanto ma non ha mai avuto buona memoria.

Ma quale studente può fare la stessa bella figura, se deve

rispondere di investimenti, su come farli e in quale modo? O meglio: quali sono le mosse giuste per arricchirsi? Anche io mi sarei trovato in difficoltà nel rispondere fino a qualche anno fa, se avessi seguito solo i normali studi.
In una società dove tutto ruota intorno al denaro, dove conta molto l'*apparire* e non l'*essere*, dove i posti di lavoro scarseggiano da almeno vent'anni, nessuna scuola insegna agli allievi come raggiungere la propria libertà finanziaria. Nessun istituto pubblico o privato, scuola dell'obbligo e università insegnano alle future generazioni come liberarsi dalla schiavitù del posto fisso, come inventarsene uno, o come diventare il miglior imprenditore di se stessi.

Riassumendo il concetto: non ci hanno mai insegnato come diventare liberi ricchi e felici. È vero anche che il concetto di *ricchezza* è cambiato più volte nei secoli, ma ancora oggi non viene spiegato, insegnato o tenuto nella giusta considerazione. Fino a due secoli fa chi possedeva la terra era considerato ricco: la terra rappresentava e definiva il concetto di ricchezza. Dopo la rivoluzione industriale, con l'avvento delle fabbriche e della produzione, il concetto di ricchezza è mutato: spettava all'industriale essere definito "ricco".

Ai tempi nostri la ricchezza è mutevole, tanto che possiamo definirla parafrasando il titolo di un romanzo di Pirandello: *Una, nessuna e centomila*. Oggi conta l'informazione: chi la possiede è ricco o lo diventerà.

In che modo? Investendo negli immobili

Cosa mi occorre per rendere gli immobili il modo migliore per fare un buon investimento? Andiamo subito a cercare la risposta parlando del cashflow.

RIEPILOGO DEL CAPITOLO 7:

- SEGRETO n. 1: affidati ai migliori professionisti del settore fino a quando non avrai l'esperienza necessaria.
- SEGRETO n. 2: gli immobili permettono sempre a chi ha le giuste nozioni di guadagnare.
- SEGRETO n. 3: punta sulla formazione per diventare un buon investitore.
- SEGRETO n. 4: gli immobili sono il bene che permette con più facilità e sicurezza di reperire capitali.
- SEGRETO n. 5: le banche saranno le tue migliori amiche (come vedremo).
- SEGRETO n. 6: non occorrono né lauree né soldi per diventare ricchi con gli immobili. Anche Mr. Kroc lo conferma.
- SEGRETO n. 7: non ascoltare più chi trova sempre scuse per non agire!

CAPITOLO 8:
Il cashflow

Ti ricorderai che, quando ho narrato della storia della nonna, ho scritto che avrei voluto farle un regalo gradito: avrei voluto, se fossimo stati ancora insieme, aiutarla a creare un cashflow, che le sarebbe servito in gioventù come in vecchiaia. Poiché ciò non è più possibile, vediamo se riesco a farne dono a te.

Che cosa è un cashflow?

È un *flusso di cassa*, ossia ricchezza accumulabile. E rappresenta la differenza tra le entrate e le uscite. Quindi potremo avere un cashflow positivo o negativo, a seconda che siano maggiori le entrate o le uscite. Iniziamo a chiarire che il cashflow nulla ha a che vedere con la busta paga. Anzi, non tutti sanno che il primo cashflow che possono generare deriva proprio dalla differenza che c'è tra il loro stipendio (*entrate*) e la somma delle spese (*uscite*). La nozione è fondamentale per comprendere anche quando si acquista un immobile se effettivamente questo ci genera dei guadagni oppure no.

Come si fa ad avere un cashflow?

In questo caso, devo per forza partire dall'amico-nemico: il denaro. *Il denaro può essere speso, accumulato o creato.* La spiegazione dell'espressione "creare denaro" la serbiamo per ultima, come si fa con il boccone migliore che abbiamo nel piatto.

Spendere denaro è la cosa più facile da farsi e che tutti vorremmo fare liberamente. Per comprendere il tutto ancora meglio sarà sufficiente prendere ad esempio la situazione economica di un ragazzo che lavora, quella di un padre di famiglia, e quella di una persona ricca.

RAGAZZO

ENTRATE =		USCITE	
stipendio	1300 €	ricarica cellulare	100 €
		rata della macchina	400 €

		benzina	200 €
		abbigliamento	200 €
		serate con amici	240 €
		assicurazione auto	100 €
		palestra	60 €
totale entrate	1300€	**totale uscite**	1300 €
CASHFLOW (tot. entrate – tot. uscite) =			**0**

Queste sono, secondo i sondaggi, le spese minime e ritenute essenziali di un giovane che lavora e deve mantenere solo se stesso.

PADRE DI FAMIGLIA

ENTRATE =	USCITE	
stipendio 2500 €	casa: mutuo/affitto	500 €
	spese condominiali	150 €
	riscaldamento	150 €
	luce e acqua	200 €
	retta scuola/università	100 €
	vitto	800 €

		box auto e manuten.	150 €
		trasporto o gasolio	150 €
		telefono fisso/mobile	200 €
		pediatra/medico	100 €
		farmaci e cure	100 €
		vestiario e scarpe	250 €
totale entrate 2500€		**totale uscite**	2850 €
CASHFLOW (tot. entrate – tot. uscite) =			**-350 €**

La lista dei costi che gravano su una famiglia media di quattro persone può essere infinita. Queste voci sono le più rappresentative: sono state omesse volutamente le vacanze, le sigarette, i giornali, le tasse, le spese per la riparazione o la manutenzione della casa, per l'aiuto domestico a ore, e altre. E, come vedi, generano addirittura un cashflow negativo!

RICCO

ENTRATE		USCITE	
dall'impresa	50.000 €	d'impresa	15.000 €
cashflow da immobili	50.000 €	famiglia	10.000 €

		yacht e marinai	2000 €
		parco auto	3000 €
		casa manut. verde	1000 €
		manutenz. piscina	500 €
		cura/estetica	3000 €
		abbigliamento	5000 €
		domestici.	1500 €
		divertimenti vari	4000 €
totale entrate	100.000€	**totale uscite**	45.000€
CASHFLOW (tot. entrate – tot. uscite) =			**55.000 €**

Sono pienamente consapevole che può venire la voglia di piangere per la stizza nel guardare le voci di spesa del ricco. Ma è questo il momento in cui bisogna essere forti, avere fiducia in se stessi e confidare su quanto apprenderai, perché quel cashflow che sembra irraggiungibile puoi averlo anche tu.

Osserviamo bene gli schemi delle entrate e delle uscite

Le varie voci dimostrano che tutti, per vivere – anche se ognuno a suo modo – hanno dei costi da sopportare. La particolarità non consiste tanto nel fatto che tali costi possano essere rappresentativi di una maggiore o minore disponibilità di reddito, poiché è indiscutibile che, indipendentemente dalle entrate, ognuno tiene il tenore di vita che più gli piace. Bensì consiste nel *modo* in cui ogni soggetto preso in esame affronta e sopporta quei costi.

(Disegno del piccolo Lilly)

Come puoi notare, il ragazzo ha speso tutto lo stipendio senza neanche accorgersene.

(Disegno del piccolo Lilly)

Il padre di famiglia sta cercando di arrivare a fine mese senza indebitarsi ulteriormente: poiché non pagare una bolletta o una rata qualsiasi alla relativa scadenza comporta un debito o uscita di cassa da inserire nel bilancio familiare del mese successivo. E questo anche se nel momento di ristrettezza economica il buon padre di famiglia non si è indebitato materialmente chiedendo prestiti a familiari e amici.

Ma perché, anche se queste persone lavorano, ciò accade?

La risposta a questa domanda, per quanto già abbiamo già appreso nei precedenti Capitoli, è quasi banale: nessuno ha insegnato al giovane che è appena entrato nel mondo del lavoro e al bravo padre di famiglia a essere persone economicamente libere.

Pochi conoscono le regole più elementari per affrontare un futuro sereno, almeno per quanto riguarda l'aspetto economico. Nessuno dei due soggetti che stiamo analizzando ha pensato di creare un cashflow, ossia un'entrata diversa dallo stipendio, una rendita immobiliare, che mettesse al riparo dal minore valore di acquisto della moneta, dalle spese impreviste o da quelle già preventivate.

Accade quindi che i loro costi o uscite sono superiori alle entrate, oppure si equiparano (quando tutto va bene). E da questo momento iniziano a correre: chi per la rata dell'auto, chi per le bollette o i libri di testo che servono ai figli... e comunque devono fare i salti mortali per non contrarre debiti. Di conseguenza, non possono essere sereni. Il ricco, invece, ti posso assicurare che non ha di questi problemi.

(Disegno del piccolo Lilly)

Continuando insieme a seguire i flussi di denaro, e quindi le entrate, andiamo a esaminare i modi in cui si può accumulare denaro.

Il sig. Ricco come possiamo vedere nel disegno sopra, è felice. Eppure sappiamo che deve sostenere costi non indifferenti. Ma da buon amministratore – e se il ricco non sa farlo da sé stai pur certo che ha un buon commercialista che lo fa per lui – investe le entrate in aziende e immobili, creando un cashflow che mensilmente gli copre non solo i costi ma gli garantisce perfino il superfluo.

Il denaro accumulato

Apparentemente, mettere da parte del denaro per farne qualsiasi uso non è facile, ma neppure impossibile. Alcune persone che ho conosciuto, invece, vivono privandosi di tutto pur di respirare il profumo dei soldi che... conservano! Queste non riescono a piacermi. Occorre avere un certo rispetto per il denaro, ma nel contempo saperne fare buon uso, cosa che *significa non esserne schiavi*. Anzi: bisogna saper far fluire i soldi. Sembra filosofia spicciola, ma è una regola fondamentale negli investimenti.

Ho uno sgradito ricordo di un compagno di liceo, che ci teneva così tanto al denaro da fare figure indegne. Il suo attaccamento patologico al denaro lo portava a defilarsi ogni volta che doveva pagare un caffè agli altri, oppure a privarsi del piacere di una gita scolastica pur di non mettere mano alla tasca.

È assolutamente vero che il rapporto di ognuno col denaro è soggettivo e strettamente personale, ma non occorre arrivare a tanto pur di avere un po' di soldi. È anche vero che non spendere può diventare un sistema tranquillo per fare soldi nel lungo periodo, ma non te lo consiglio, perché vivi male e in un modo o in un altro fermerai il **Flusso**.

Tenere conservato un capitale e non usarlo è come avere un bell'albero che non dà frutti per mancanza di terreno, di cure e di passione. Perché per fare soldi ci vuole anche passione. Se invece io poto l'albero, copro le radici nude, irroro il terreno e ottengo come ricompensa splendidi frutti, posso solo gioirne perché ho una soddisfazione che va ben al di là di quella strettamente economica.

Mi sento orgoglioso dei risultati, perché ho fatto un lavoro eccellente per me e per chi mi è vicino. Se, come ho fatto con l'albero, faccio la stessa cosa con il mio capitale (che investo nel modo migliore) e questo mi riesce alla grande, la mia soddisfazione certamente sarà raddoppiata e influirà non solo sul mio stato mentale, ma anche su quello finanziario. Per questo motivo non si deve aver vergogna di ammettere che il lusso, il benessere, la ricchezza piacciono a tutti, tranne agli asceti che vivono sugli altipiani perché si sono ritirati dalla civiltà. Quindi avere denaro e riuscire a farlo raddoppiare o triplicare, in un crescendo sempre più alto, può renderti incredibilmente felice. Ed è giusto che tu lo sappia.

Ma come si fa ?

Lo andremo a vedere immediatamente, proseguendo sullo stesso argomento e affrontando il discorso del *denaro creato*.

Il denaro creato

Siamo finalmente arrivati al boccone saporito che avevamo messo da parte nel piatto. Per creare denaro dal nulla non occorre niente, basti solo tu. Lavorare solo "duramente", come ci hanno insegnato, non porta per forza a grandi risultati. Anzi, serve a toglierti ogni energia e questo non ti dà il tempo di pensare. La dea bendata può essere lì vicino che ti sfiora e tu non solo non la senti, ma la scacci pure...

Cosa ha cercato di dirti la dea Fortuna, ma tu non hai ascoltato?

Te lo spiego, con un esempio. Un commercialista frequentava i miei corsi ma non riusciva più di tanto a mettere in pratica quanto apprendeva. Il suo assillo erano i clienti, le dichiarazioni dei redditi, le scadenze per loro e per se stesso, il tempo e il denaro che non bastavano mai. Aveva le rate del mutuo da pagare, l'università per i figli, le cure estetiche per la moglie e gli abiti griffati, segretarie e collaboratori stipendiati, l'affitto dello studio, il bar per i clienti...

In uno dei nostri colloqui mi riferì di altre spese, di cui non parlerò completamente. Comunque erano tante e glielo dissi. Si era talmente "incartato" con un tenore di vita superiore alle sue pur notevoli entrate, che neanche dieci o venti clienti in più potevano garantirglielo. Neanche lavorando di notte e correndo il rischio di beccarsi un esaurimento poteva uscire dal tunnel in cui si era cacciato.

La prima mossa da consigliare consisteva nel tagliare tutte le spese eccessive e non necessarie, mettendo a disposizione della famiglia un budget fisso che i suoi familiari dovevano farsi bastare. L'altra fu l'installazione di un dispenser di bibite teso a eliminare l'andirivieni del ragazzo del bar, che portava via in un mese circa 300 euro. Fatto ciò, passati appena sessanta giorni il commercialista si ritrovò ad aver risparmiato 4000 euro mensili, e ad aver messo da parte 8.000 euro. E sono veramente tanti se si pensa che non provengono dal lavoro, ma dall'ottimizzazione delle spese.

Piccolo inciso

Farsi ogni tanto dei regali, seppur costosi, è molto piacevole, ma c'è anche da dire che essi portano via molta disponibilità. Esistono però modi intelligenti per potersi fare dei bei regali...

l'importante è imparare come poterseli permettere conservando i capitali necessari ad accrescere il proprio patrimonio con gli investimenti.

Tornando al commercialista, questi, rinvigorito dall'inatteso risparmio, decise di continuare su quella strada e riuscì con non poco sforzo e tanta volontà a tenere a freno le dispendiose richieste della famiglia, mettendo da parte in poco tempo 50.000 euro. Il secondo passo quello decisivo, e lo fece da solo. Mettendo a frutto qualche tecnica che aveva appreso ai corsi (*minimo anticipo e il resto a debito*) decise di creare il suo primo cashflow, acquistando l'immobile della signora che abitava al piano sopra il suo, che era stato messo all'asta.

L'appartamento situato in un palazzo d'epoca molto signorile gli fu aggiudicato per 250.000 euro, ma era chiaro che valeva molto di più. E difatti, quella casa in quella zona aveva un valore reale di mercato che si aggirava intorno ai 350.000 euro.

Almeno quello era il prezzo che l'asta voleva realizzare nelle prime ordinanze di vendita, ma per un insieme di circostanze, tra le quali anche due aste deserte per mancanza di partecipanti (cosa di cui l'investitore era già a conoscenza avendo anche lui l'appartamento in quello stabile), il prezzo fu ribassato di oltre il 20% e l'acquisto della casa divenne un'occasione da non perdere assolutamente. Tant'è che, appena tre anni dopo, l'appartamento fu stimato da un esperto tra i 480.000 e i 500.000 euro. Inoltre, non bisogna dimenticare che un commercialista, anche se ha il cuore tenero in famiglia ed elargisce soldi per ogni piccola e grande richiesta, comunque ha padronanza dei numeri e due calcoli per se stesso li sa fare.

Analizziamo l'investimento fatto dal commercialista rispetto alla complessa situazione economica in cui versava, perché è facile pensare che egli:

- indubbiamente ha fatto un affare se l'appartamento valeva di più; ma perché investire denaro in un appartamento che non gli sarebbe servito?
- sicuramente è un matto che non riesce a stare senza debiti! Non gli bastavano quelli che aveva ed è andato a farne altri;

- come farà a pagare?

Purtroppo è così: questi pensieri fanno parte della mentalità corrente, che sembra appannaggio esclusivo di chi è povero e non vuole rischiare nulla. Ma tu che più leggi e più sai, non devi fermarti alle apparenze: i buddisti dicono che solo quando l'allievo è pronto il maestro arriva.

Il commercialista è venuto ai miei corsi nonostante il poco tempo che aveva a disposizione perché era stanco di lavorare come uno schiavo e di non riuscire neppure a soddisfare le esigenze familiari. Ma una volta presa coscienza che quelle esigenze erano eccessive si è deciso ad agire per cambiare la propria vita in meglio. Apparentemente si è indebitato. Ma una volta tanto, proprio perché era pronto, lo ha fatto per arricchirsi e guardiamo in che modo si è creato una certa *liquidità.*

INVESTIMENTO

Soldi risparmiati	50.000 €

Mutuo (Rata 1.200 calcolata x 25 anni
al tasso fisso del 5,39% come da Gazzetta Ufficiale
N°304/08) 200.000 €

Totale 250.000 €*

ANALISI DELL'INVESTIMENTO

Investimento totale	250.000 €
Valore reale dell'immobile	350.000/380.000 €
Rivalutazione dell'immobile dopo tre anni	circa 500.000 €

*p.s. le spese di rogito in caso di asta non ci sono.
Ci saranno le spese del decreto di trasferimento che sono di poca entità rispetto al costo di un atto notarile. Nonché le spese di registro.

Vediamo cosa fa del suo investimento?

Lo arreda con mobili e suppellettili che non gli servivano più e che aveva sia in casa propria che in cantina; dopodiché lo mette a reddito concedendolo in locazione, per guadagnare.

CASHFLOW

Locazione immobile	1500 € mensili
Rata per il mutuo acceso	1200 € mensili
Cashflow	300 € al mese

La differenza tra l'entrata mensile che è stata creata dal nulla e l'uscita mensile preventivata per pagare il mutuo ha prodotto un gettito di denaro fisso, quindi un cashflow immediato ogni mese. Tutto questo in brevissimo tempo, perché quando si tratta di immobili c'è poco da fare: i *conti tornano sempre.*

Approfittiamo dell'esempio del commercialista per anticipare due altri elementi finanziari, che spiegherò nel prossimo Capitolo: il ROI e il ROE, che servono a verificare quanto rende un investimento.

ROI

Immobile/prezzo di acquisto	250.000 €
Valore reale	350.000 €
Stima dopo 36 mesi	500.000 €

L'investimento complessivo dei 250.000 euro ha prodotto un rendimento del 100% in soli 36 mesi.

Ma non occorre dimenticare che il commercialista aveva di suo solo 50.000 euro; la differenza l'ha presa a debito dalla banca, e in questo caso il ROE sarà questo:

ROE	
Investimento personale	50.000 €
Utile da investimento personale	250.000€
Il che è pari a un utile del 500%	

Come vedi, sul mercato non esiste nulla che ti permetta di avere ottimi guadagni in così breve tempo, e in totale sicurezza, come il campo immobiliare. Senza dimenticare che il denaro creato, il cashflow del nostro commercialista, che oggi è pari a 300 euro mensili, si rivaluta costantemente poiché i fitti sono soggetti a indice ISTAT annuale. Tale indice andrà a garantire sempre lo stesso potere di acquisto della moneta.

Mentre resterà invariata la rata di 1200 euro mensili per l'erogato mutuo, che ha chiesto a tasso fisso e non variabile. Ecco cosa si ottiene quando finalmente si agisce. Facciamo nostra questa bellissima esperienza, perché se si mantengono le vecchie abitudini economiche tutto ci sfugge, e può succedere che anche a un commercialista, che sa fare bene il proprio lavoro, capiti di curare molto di più gli interessi e le finanze dei clienti, dimenticando le proprie.

Riepilogo dell'investimento

Vediamo insieme i punti più importanti:

- oggi il commercialista ha un altro immobile di proprietà, che costituisce uno dei valori numerici che aumenta di più nel tempo;
- ha una rendita (cashflow) da fitto, costante e rivalutata a medio e lungo termine;
- è sereno e ha riconquistato la fiducia in se stesso e nelle proprie capacità.

Quest'ultimo è un valore aggiunto e inestimabile, che dobbiamo imparare a conquistare e a tenere stretto.

Il linguaggio dei numeri, che non è parlare astratto bensì scienza esatta, ha sicuramente fatto svanire come la neve al sole ogni dubbio sulla bontà di questo genere di investimento. L'importante per noi è conoscere il significato dei numeri e confrontarli con dati e calcoli alla mano: solo così si può vedere se l'investimento è valido.

E allora, continuiamo nella nostra istruzione finanziaria, perché non bisogna mai dimenticare che è necessario apprendere, apprendere e ancora apprendere: questo serve per guadagnare tanto.

RIEPILOGO DEL CAPITOLO 8:

- SEGRETO n. 1: crea in maniera semplice ed efficace il tuo cashflow.
- SEGRETO n. 2: controlla almeno una volta al mese le tue uscite.
- SEGRETO n. 3: farsi ogni tanto dei regali, seppur costosi è molto piacevole, ma c'è anche da dire che ciò porta via molte disponibilità. Esistono però modi intelligenti per potersi fare dei bei regali… l'importante è imparare come poterseli permettere conservando i capitali necessari ad accrescere il proprio patrimonio con gli investimenti.
- SEGRETO n. 4: arriva a permetterti lo stile di vita che vuoi.

CAPITOLO 9:
L'ABC per guadagnare

Nel Capitolo precedente, in cui ho trattato del cashflow, ho fatto un esempio alquanto completo di una delle tante tipologie di investimento immobiliare, e ho anticipato due elementi importanti: il ROI e il ROE. Questi servono ad affrontare in maniera del tutto oculata e serena gli investimenti che devi fare. I due marcatori ti sono utili per controllare, con i calcoli alla mano, la bontà del tuo investimento.

Il ROI (Return On Investment) rappresenta il ritorno sull'investimento che hai fatto, ossia quanto hai guadagnato dall'investimento. Si calcola dividendo l'utile dell'operazione con il totale dell'investimento, e il risultato lo si moltiplica per 100. Come puoi notare, è semplicissimo; ma sarò più chiaro con un esempio. Supponiamo di acquistare un immobile per la complessiva somma – spese incluse – di 100.000 euro. Dopo un anno lo rivendi al prezzo di 130.000, per cui il tuo utile sarà di 30.000 euro.

Allora come calcoli il ROI?

Divido l'utile, cioè 30.000, con il totale dell'investimento, cioè 100.000, e moltiplico il tutto per 100. Quindi il mio ROI è del 30%. La formula aritmetica è la seguente:

$$\frac{30.000\ €}{100.000\ €} \times 100 = 30\%\ \text{ROI}$$

Altrettanto importante quanto semplice è il calcolo del ROE (Return On Equity), che rappresenta il ritorno sul tuo investimento personale. Con il ROE vieni a conoscenza del tuo guadagno, in relazione a ciò che hai investito *personalmente* (sottolineo: *personalmente*). Perché, come ben sai, gli investimenti non si affrontano esclusivamente con i propri soldi ma soprattutto con quelli degli altri.

Ma chi sono questi altri?

Le banche le finanziarie, business angels, gli amici, i parenti e chi più ne ha più ne metta…

Passiamo ora a un esempio sul ROE. Supponiamo di acquistare un immobile a 100.000 euro, dei quali 10.000 sono tuoi, cioè li hai anticipati di tasca tua; mentre la restante parte di *90.000 € sono a prestito dalla banca.* Dopo un anno rivendi questo immobile a 150.000 euro. Come noti dal prospetto di calcolo sottostante, l'utile è pari a 50.000 euro, **ma tu hai anticipato solo 10.000 euro!**

Allora come calcoli il ROE?

Dividi l'utile, cioè 50.000, per il totale del tuo investimento personale, cioè 10.000, e moltiplichi il tutto per 100.

50.000 €

----------------------x 100 = 500% ROE

10.000 €

Il tuo ROE è del 500%! Ecco: bastano appena due conti per renderti incredibilmente felice.

REGOLA D'ORO: c'è una bella differenza nel guadagnare un milione di euro investendo un milione di euro (ROI) rispetto al guadagnare un milione di euro investendo di tasca propria appena 100.000 euro (ROE).

Quindi questi due marcatori finanziari sono essenziali ai fini del risultato di un investimento. E poiché, come si sa, la matematica non è un'opinione ma una scienza esatta: 1 + 1 come risultato deve dare 2 e non può dare zero. Lo stesso avviene anche con gli immobili: se sappiamo usare bene il ROI e il ROE, il risultato deve essere uno solo: **ottimo**.

È necessario quindi conoscerli alla perfezione, con l'ausilio di un po' di aritmetica elementare. Quest'analisi ci permetterà di ottenere un indice di valutazione che è sicuro e valido non solo per gli statunitensi – autentici maestri nel business – ma per tutti gli uomini e le donne di affari.

Ritornando al ROI e al ROE, riportiamo un altro esempio per comprenderli ancor meglio. Supponiamo di investire 100.000 euro, in un immobile da rivendere, che sarà comprato una volta in contanti e un'altra con i soldi della banca. Ecco l'esempio per contanti:

Costo dell'immobile: 100.000 €

	USCITE
Prezzo di acquisto	100.000 €
Spese rogito	10.000 €
	=============
Somma investita	110.000 €

Entro un anno rivendiamo l'immobile per 150.000 euro.

	ENTRATE
Vendita	150.000 €

RICAVATO

150.000 € (prezzo di rivendita)

110.000 € (prezzo di acquisto)

==============

40.000 € (guadagno)

Quindi il tuo guadagno, o ricavo, è stato di.40.000 euro.

Per conoscere il ROI (o ritorno sull'investimento), usiamo la seguente formula fissa e andiamo a ricalcolarlo:

ROI = UTILE: somma totale investita x 100

40.000 €

------------------ x 100= circa 36,5% ROI

110.000 €

Quindi l'investimento ha reso il 36,5% in dodici mesi.

Se avessi impiegato la metà del tempo per rivendere l'immobile, cioè sei mesi, e negli altri sei mesi avessi fatto un altro investimento identico, il ROI sarebbe raddoppiato, diventando così del 73%, ossia 36,5% (primi sei mesi) + 36,5% (secondi sei mesi).

Facciamo un ripasso anche del ROE. Ecco l'esempio con i soldi della banca:

Costo dell'immobile € 100.000

USCITE

Anticipo personale in contanti	10.000 €
Mutuo banca	90.000 €
Spese rogito e varie	10.000 €
	==============
Totale uscita	110.000 €

Rivendiamo l'immobile dopo un anno al prezzo di 150.000 euro.

ENTRATE

Vendita 150.000 €

RICAVATO

150.000 € (prezzo di rivendita)

110.000 € (prezzo di acquisto)

===============

40.000 € (guadagno)

Quindi il tuo guadagno o ricavo è stato di 40.000 euro, salvo qualche migliaio di euro come interessi sulla cifra finanziata.

Per conoscere il ROE (ossia il ritorno sull'investimento personale), usiamo la seguente formula fissa e andiamo a ricalcolarlo.

ROE = UTILE / investimento personale x 100

Calcoliamo il ROE:

$$\frac{40.000}{10.000} \times 100 = 400\%\ \text{ROE}$$

Quindi una bella differenza tra ROI e ROE!

Dopo aver appreso che esistono i due marcatori finanziari, non occorre dimenticare che, ai fini di un investimento, viene preso in considerazione un altro elemento: l'**interesse**.

Come possono essere gli interessi?

Gli interessi possono essere *semplici* o *composti*. L'*interesse semplice* pattuito è quello che decorre sul solo capitale. L'*interesse composto*, invece, decorre sul capitale comprensivo degli interessi. Dopo aver rispolverato queste nozioni, le andiamo a mettere in pratica per vedere con i nostri occhi cosa accade quando ci propongono investimenti differenti da quelli immobiliari. E come sia praticamente impossibile arricchirsi con i tassi delle banche o delle Poste.

È il caso di fare un esempio

Mettiamo che il signor Tizio abbia un deposito postale fruttifero di 50.000 euro e percepisca annualmente un 4% di interessi. Partiamo quindi dal:

capitale iniziale 50.000 €

Dopo dodici mesi iniziano a decorrere gli interessi semplici al tasso del 4% come si era pattuito con l'ufficio postale. Pertanto:

€ 50.000 x 4% darà 2.000 euro di interessi maturati.

Dal secondo anno in poi, **se non si ritirano gli interessi** ma li si lasciano sul libretto, si otterrà un **capitale maggiorato** di questi interessi, sul quale matureranno **gli interessi composti**. E così facendo il **secondo anno** i 50.000 euro diverranno: 52.000 € x 4% darà 2.080 € di interessi.

Il **terzo anno**: 54.080 € x 4% darà altri 2.163 €.

Il **quarto** anno: 56.243 € x 4% darà altri 2.249 €.

Il **quinto** anno: 58.492 € x 4% darà altri 2.339 €.

60.832 € circa: capitale finale dopo cinque anni

Quindi il capitale di 50.000 euro, investito al 4% per cinque anni e reinvestito con gli interessi, ha prodotto:

	UN UTILE	
di € (60.832 - 50.000)	=	10.832 €
con rendimento del		21,75%
con anni di investimento		5

È praticamente l'opposto di quello che farebbe un ricco. Farsi piacere un misero 21,75% di guadagno in ben cinque anni è per lui impensabile!

REGOLA D'ORO: **il ROI e il ROE vanno calcolati annualmente, perché un buon investitore vuole ottenere**

almeno un margine di guadagno di circa il 25% annuo.

Come si può notare, per avere un minimo di risultato ai fini di un *normale investimento* necessitano *due costanti*: il **tempo** e gli **interessi**. E, come abbiamo potuto constatare, per tutti i calcoli fatti, non c'è termine di paragone tra un investimento "normale" (come quello postale o bancario) e un investimento in immobili. Perché col mattone le possibilità di guadagno sono nettamente superiori.

Per seguire ancor meglio come funzionano i nostri due marcatori finanziari ed entrare sempre più nello straordinario mondo degli immobili, andrò a descrivere uno tra i tanti casi reali che sono accaduti quando tenevo i corsi. Questo esempio rappresenta un ottimo metodo per guadagnare con gli immobili. Mi è stato riferito con tanta soddisfazione e gioia che mi sembra giusto parlarne anche a te. È proprio il caso di Marco e Laura che ci permetterà di entrare nel vivo di un preliminare, e che andremo a vedere e ad analizzare, perché con gli immobili è possibile ottenere un guadagno anche senza acquistare.

RIEPILOGO DEL CAPITOLO 9:

- SEGRETO n. 1: impara l'ABC del guadagno immobiliare.
- SEGRETO n. 2: più lo mandi giù e più lui va su.
- SEGRETO n. 3: c'è una bella differenza nel guadagnare 1.000.000 euro investendo 1.000.000 euro (ROI), rispetto al guadagnare 1.000.000 euro investendo di tasca propria appena 50.000 euro (ROE).
- SEGRETO n. 4: impariamo a individuare un buon investimento.
- SEGRETO n. 5: adesso conosci la differenza di guadagno tra banche/Poste e gli immobili.
- SEGRETO n. 6: gli immobili sono sempre il miglior metodo per guadagnare.

CAPITOLO 10:
Il preliminare

Andiamo a conoscere un contratto che ha enorme potenziale e rilevanza giuridica, in quanto fondamentale nella compravendita degli immobili. Tratteremo di quello che viene impropriamente chiamato *compromesso*, ma il cui nomen iuris è *contratto preliminare*. Già così come viene identificato ci lascia capire che precede e anticipa qualcosa: quel qualcosa è il *contratto definitivo*.

Difatti, nonostante il suo ampio uso e l'indiscutibile funzione socio-giuridica che assolve nell'iter della compravendita, il Codice Civile ne fa menzione solo all'art. 1351, laddove, omettendo di darne una definizione, stabilisce e prevede che esso «debba rivestire la stessa forma del contratto definitivo a pena di nullità».

Ciò è dovuto al fatto che questo contratto è ad effetti obbligatori ma non reali, ossia non è traslativo della proprietà, per cui ogni e qualsiasi volontà delle parti espressamente racchiusa nel preliminare deve per legge confluire nell'atto definitivo. Chiarisco e semplifico il concetto.

Com'è fatto e a cosa serve il preliminare?

Il preliminare è un contratto preparatorio a quello definitivo, dove i contraenti (venditore/acquirente) identificano per iscritto il bene che sarà oggetto di compravendita, e a chi esso appartenga; specificano l'ammontare della caparra quale acconto e/o confirmatoria; quale sia il prezzo di vendita del bene; stabiliscono le modalità del pagamento, eventuali caparre *confirmatorie o penitenziali*, nonché la data e il nominativo del notaio per l'atto definitivo o rogito. Infine, va apposta la firma dei contraenti.

Come si può notare da quanto è riportato sopra, le parti escludono ogni riferimento al passaggio della proprietà dal venditore all'acquirente, perché questo compito spetta solo ed esclusivamente all'atto definitivo, che è un contratto a effetti reali e, in quanto tale, trasferisce sia la proprietà che i diritti relativi traslandoli dal venditore all'acquirente. Nel rogito, o atto definitivo, il notaio dovrà per legge riportare tutte le clausole che il venditore e l'acquirente avevano già sottoscritto nel preliminare.

Chi può redigere un preliminare?

Poiché può essere fatto per *atto pubblico* o per *scrittura privata*, nel primo caso sarà il notaio a preparare l'atto e fare le relative visure. Per scrittura privata invece, si intende generalmente anche il modello prestampato che racchiude tutti gli elementi del preliminare e che nella prassi corrente si trova presso ogni network immobiliare. Su questo prestampato le parti possono tranquillamente far depennare le clausole inutili o che reputano a loro svantaggio, e farne inserire altre più corrispondenti alle loro volontà.

E se voglio fare da solo?

Non volendo rivolgerti a un'agenzia immobiliare, magari perché è in vendita l'appartamento attiguo al tuo, conosci da molti anni il proprietario e vuoi fare proprio tutto da solo – cosa che comunque ti sconsiglio nella maniera più assoluta – nulla ti vieta di farti dare per prima cosa l'atto di proprietà dell'appartamento. Dopo averlo fatto leggere a un legale, o comunque a qualcuno che ne sappia più di te, è sufficiente prendere un foglio uso bollo nel quale andrai a inserire tutti gli elementi che ho indicato, nonché la seguente clausola: «Il promittente acquirente ha facoltà di poter recedere dal contratto, senza alcuna penale se non è certa la proprietà del venditore e se ci sono debiti di qualsiasi natura sull'immobile».

Fatto ciò, dopo che il venditore l'ha firmato, provvederai a sottoscriverlo anche tu. Il contratto che hai predisposto, rappresenta una forma tipica del contratto preliminare per scrittura privata non autenticata. La clausola che hai inserito, sulla facoltà di non proseguire il contratto rappresenta invece il tuo diritto a recedere.

Cos'è il diritto di recesso?

Il diritto di recesso è espressamente previsto dall'art. 1341 del

Codice Civile letto in combinato disposto con gli artt. 1350 e 1351 del Codice Civile, e richiede la forma scritta ad substantiam.

Se ho preparato il preliminare dopo le firme posso stare tranquillo?

No. Fatto ciò si devono ancora assolvere delle incombenze, assolutamente necessarie, per rispettare l'obbligo ad acquistare che ormai abbiamo assunto, con quello che è d'uso chiamare sia preliminare che anche *compromesso*.

Cosa bisogna fare?

Nel lasso di tempo che ti sei preso tra il preliminare e l'atto definitivo darai incarico per le visure sull'immobile a un notaio, oppure a un'agenzia di visuristi (si trovano nei pressi di ogni Ufficio del Catasto), per gli accertamenti sulla proprietà ed eventuali debiti che possono gravare sull'appartamento.

Questa ultima indagine è della massima importanza, anche se il venditore garantisce che il bene era stato comprato in contanti o, addirittura, è propenso a giurare di non essere in debito con nessuno, tanto meno con banche e finanziarie; perché, anche se avesse ragione, comunque potrebbe avere qualche debito sull'immobile del quale egli stesso non è a conoscenza.

Come si fa ad avere debiti senza saperlo?

Una cosa del genere accade sempre più frequentemente e di solito viene scoperta solo nel momento in cui si vuole vendere l'immobile. Come possa avvenire un fatto simile lo spiego subito. Certamente chi più chi meno almeno una volta nella vita avrà preso una multa, magari per essere passato quando il semaforo stava per dare il rosso, o per multa da installazione del tutor che misura la velocità delle vetture sulle autostrade, oppure dieci anni or sono non ha pagato il bollo auto o ha dimenticato una rata della tassa sui rifiuti.

Ebbene, quelli che puoi ritenere dei piccoli insoluti sono diventati grandi cifre in mano ai concessionari per la riscossione, tra i quali l'Etr, l'Esatri, la Gestline e, da un paio di anni, l'Equitalia spa. Questi "insoluti" sono suscettibili di interessi giornalieri dalla loro data di scadenza.

Ma poiché vengono chiesti al debitore anche a distanza di molti anni con la cartella esattoriale, la quale nella stragrande maggioranza dei casi non gli viene neppure notificata correttamente, essi diventano nelle mani del concessionario un titolo per iscrivere un'ipoteca sui beni del debitore e a insaputa di questo! Difatti, non è richiesto per legge alcun avvertimento successivo al debitore. Ecco come può accadere che il proprietario di un immobile abbia dei debiti, addirittura ipotecari e che, realmente, non lo sappia.

Cos'è la caparra confirmatoria?

Come sappiamo la caparra è un elemento che attiene al contratto preliminare, è prevista dalla legge **ma non è obbligatoria**, tant'è vero che fino a quaranta/cinquant'anni – nonostante le norme del Codice Civile – c'era l'uso tra le parti che volevano esprimere la propria volontà a mantener fede agli impegni presi di concludere l'affare con una stretta di mano. Quel darsi la mano sostituiva la firma e ogni clausola. Oggi sarebbe impensabile.

Col tempo e per la complessità dei rapporti interpersonali è infatti diventato necessario mettere tutto per iscritto, e anzi si è affermata sempre più la consuetudine di dare più forza agli obblighi presi anticipando una somma a garanzia del buon esito della contrattazione, per l'appunto la *caparra.*

Ecco il motivo per il quale con la sottoscrizione del preliminare il promittente acquirente versa una caparra detta *confirmatoria* al promittente venditore, che sarà *scalata* dal prezzo indicato nel contratto definitivo.

Cosa succede se non acquisto più?
Si perde la caparra confirmatoria perché il promittente venditore la trattiene a risarcimento dell'affare non concluso.

Cosa accade invece se è lui a non vendere più?
Stavolta sarà il promittente venditore a essere penalizzato, dovendo restituire il doppio di quanto si era versato come caparra.

Cos'è la caparra penitenziale e quando è prevista

Il promittente acquirente e il promittente venditore possono decidere *di comune accordo* di inserire nel preliminare una clausola (art. 1386 del Codice Civile) che preveda il diritto di recesso dal contratto, stabilendo con una cifra detta *caparra penitenziale* il corrispettivo per esercitare quel diritto.

Il contratto preliminare va registrato?

Sì. Ma non tutti vanno all'Ufficio del Registro per pagare il poco dovuto, anche se questa somma verrà **scalata** in un secondo momento, allorquando il notaio va a registrare l'atto definitivo di compravendita. Anche perché, come abbiamo visto nel caso del "preliminare fai da te", può succedere che il definitivo di compravendita non venga più stipulato per la scoperta di debiti sull'immobile e pertanto, non essendoci spese dalle quali scalare la registrazione, quanto è stato anticipato non ci sarà rimborsato.

E se voglio acquistare un appartamento in costruzione il preliminare sarà lo stesso?

No. Principalmente perché acquistando da un'impresa ci saranno comunque altri dati da inserire, collegati anche all'avanzamento dei lavori, e inoltre per questa tipologia di compravendita è entrato in vigore dal 21/7/2005 il Decreto Legislativo n. 122, il quale prevede tutta una serie di garanzie a favore dell'acquirente che si impegna per un immobile il cui permesso a costruire è stato richiesto dopo l'entrata in vigore della legge, e che non sia stato ancora ultimato.

Quindi, il preliminare tra un privato e un'impresa deve comprendere tutti i dati necessari e le principali garanzie che mirano alla trasparenza e al buon esito del futuro acquisto. Ed è stata introdotto – tra le altre cose – l'obbligo della fideiussione bancaria o assicurativa, che il costruttore deve rilasciare al promittente acquirente, per tutte le somme che quest'ultimo gli ha versato o sono da versare prima dell'atto definitivo di compravendita.

Perché è importante il Decreto Legislativo n. 122?

Dopo tanti anni di attesa questa legge di forte impatto sociale chiesta più volte a tutela di chi acquistava da un'impresa di costruzioni è finalmente arrivata. Per comprendere come mai sia stata tanto sollecitata e salutata con sollievo basta pensare che le varie associazioni di categoria hanno stimato che in soli cinque anni (quelli che vanno dal 1995 al 2000) le famiglie italiane che avevano perso i soldi e la casa per il fallimento dell'impresa costruttrice erano più di 200.000! Ma adesso rilassiamoci un poco e, restando in tema, andiamo a vedere in che modo *il preliminare può tornarti utile.*

L'esperienza di Marco e Laura

Marco e Laura frequentavano da poco i corsi quando iniziarono a percepire le cose in maniera diversa. Avevano da poco deciso di acquistare un piccolo appartamento di 230.000 euro che avevano visitato insieme a una loro amica tramite un'agenzia immobiliare. La casa piaceva a entrambi, ma soprattutto serviva loro perché volevano andare a vivere insieme.

Così avevano fatto una proposta di acquisto al proprietario, tramite l'agenzia, e lasciato come caparra di 50.000 euro. Era tutto quello che avevano avuto in prestito dallo zio di Marco, perché *non avevano soldi "creati"*. Non erano ancora padroni di tecniche e conoscenze ma stavano già maturando la convinzione che forse, in quello che stavano per fare, c'era qualcosa che non andava, e si stavano impegnando per cambiare le cose.

Prospetto acquisto appartamento

Prezzo di acquisto	230.000 €
Preliminare	50.000 €
Saldo a differenza	180.000 €

Mentre stavano cercando il miglior mutuo al miglior prezzo, Laura non sembrava più tanto entusiasta. Era accaduto qualcosa. Marco la vedeva sempre più distratta e assente, e incominciava a pensare che avesse qualcun altro.

La realtà era molto diversa e Laura non sapeva come affrontare il problema. La sua apatia, nel girare per le banche, era dovuta al fatto che si stavano indebitando per acquistare una casa anziché per investire. Inoltre, essa aveva individuato, quasi allo stesso prezzo, un'altra casa all'asta, più bella, più grande e più centrale.

Adesso i problemi che Laura doveva affrontare erano due:

1. come dire a Marco che non voleva più quella casa;
2. come evitare di perdere il capitale.

A qualcuno le preoccupazioni di Laura potrebbero apparire eccessive. In effetti bastava chiarirsi con Marco e fargli vedere l'altra casa. Sarebbe bastata una corsa in agenzia per spiegare al proprietario come stavano i fatti, e questi non avrebbe dovuto fare altro che restituire il denaro. Purtroppo non è così che funziona e Laura lo sapeva bene, perciò non aveva il coraggio di parlarne con Marco.

Quando in ballo c'è il denaro, le cose diventano più complicate. Laura sapeva, che avrebbe potuto perdere la caparra e che i 50.000 euro non sarebbero stati restituiti così facilmente. Quindi, se le fosse andata bene avrebbero perso il capitale; se le fosse andata male, avrebbero dovuto affrontare anche le spese e la mediazione all'agenzia.

Quando una donna piange e si dispera a un gentiluomo non resta altro da fare che sollevarla dal problema. Spettò a Marco risolvere la situazione, e così egli venne a chiedermi alcuni consigli durante un convegno che stavo tenendo. Se ne uscì brillantemente, mettendo subito a frutto quello che aveva appreso.

Come fece?

Pubblicizzò e magnificò su alcuni giornali locali che trattavano di immobili quella meravigliosa casa che… non volevano più. Marco adesso era consapevole che poteva cedere la sua opzione di acquisto su quella casa, come un bene prezioso. Gli riuscì talmente bene la descrizione dei particolari migliori di quell'appartamento che il telefono squillava in continuazione e tutti lo volevano.

La legge della domanda e dell'offerta fece il resto. Poiché l'opzione era una, e gli acquirenti erano tanti, Marco mise a segno un altro affare: c'era tra i probabili acquirenti una signora, che fece di tutto pur di avere quell'opzione, tant'è che si offrì di acquistarla per 60.000 euro. Marco era più che soddisfatto, e decise di cedere a lei il preliminare. E così, quella che poteva diventare una disavventura, nell'arco di un mese (da quando era cioè incominciata) si concluse felicemente con il rientro del loro denaro, oltre che con il guadagno ottenuto.

La loro situazione contabile cambiò in questo modo:

Restituzione caparra	50.000 € +
Entrata da opzione	10.000 € =
Totale	60.000 €

Alleniamoci a fare due calcoli

ROE = *Quanto è?*

ROI = *Quanto è?*

Tutte le parti di quell'operazione immobiliare, che era solo in una fase iniziale, sono rimaste soddisfatte. La signora, perché ha avuto quello che voleva: l'opzione sulla casa che le piaceva tanto. Laura, perché ha riavuto indietro la caparra, ed è fiera di Marco che ci ha saputo fare. E Marco, perché si è sentito tre metri sopra il cielo per aver reso felice il suo amore, e per essere riuscito a recuperare i soldi guadagnandoci pure.

Cosa dimostra questo esempio? Vediamo:

1. che anche un investimento apparentemente svantaggioso con l'aiuto di un esperto può trasformarsi in un affare;
2. che in questo settore ci si può facilmente arricchire, ma allo stesso modo commettere degli errori per inesperienza. Quindi, inizialmente fatevi seguire da un legale o da un esperto, oppure mettetevi in contatto con me per avere ulteriori informazioni sui miei corsi per guadagnare con gli immobili;
3. che occorre imparare a calcolare il ROI e il ROE per definire veramente buono un investimento;
4. che il preliminare – per il quale ci si impegna unicamente a un acquisto ma non ci si intesta effettivamente la proprietà – è un ottimo sistema per fare soldi con gli immobili. In pratica, Marco ha comprato e rivenduto un contratto.

Bisogna istruirsi e valutare ogni piccola mossa e sapersi fermare al momento giusto per non pregiudicare anche con una sola parola sbagliata una trattativa che era data per certa.

Un fatto simile è accaduto a me una decina di anni fa, quando mi presentai la prima volta a un'asta pubblica. Armato della mia gioventù e di nient'altro, ero convinto di farcela da solo. E difatti ho partecipato fino alla fine per… farmi soffiare l'affare che rincorrevo da mesi. Solo dopo ho compreso che se all'epoca avessi portato con me non la mia presunzione, bensì Michele (colui che è stato il mio mentore e ancora oggi mi assiste in alcune operazioni immobiliari) già da quel giorno avrei iniziato a guadagnare.

RIEPILOGO DEL CAPITOLO 10:

- SEGRETO n. 1: il preliminare è un ottimo sistema per fare soldi con gli immobili.
- SEGRETO n. 2: il preliminare ti permette di effettuare operazioni immobiliari senza utilizzare cifre elevate, che con grande facilità puoi reperire anche tra amici e parenti.
- SEGRETO n. 3: se impari a negoziare puoi guadagnare anche con anticipi bassissimi.
- SEGRETO n. 4: ci si impegna unicamente per l'acquisto senza doversi intestare la proprietà.
- SEGRETO n. 5: il preliminare ti permette inoltre di effettuare operazioni immobiliari molto velocemente.
- SEGRETO n. 6: adesso che conosci vari segreti normativi del preliminare puoi usarlo a tuo vantaggio, cosa che pochissimi possono fare.

CAPITOLO 11:
Le aste immobiliari

A chi mi chiede dove e come investire in immobili suggerisco più soluzioni. Tra le tante, ci sono le *aste immobiliari*, tenute presso tutti i Tribunali e che attualmente rappresentano il miglior rapporto qualità/prezzo, insieme all'acquisto a stralcio.

Perché acquistare alle aste?

Alle aste si trovano immobili a un prezzo molto conveniente, che possono essere anche di notevole pregio e valore, e che si trovano situati nelle zone più disparate della città, da quelle più centrali alle più periferiche. E i prezzi di acquisto, rispetto al mercato, sono in media di un 20-30% più bassi.

Il mattone è da sempre l'investimento privilegiato delle famiglie italiane per diversi fattori, tra i quali quelli storico-culturali. Non dimentichiamo che fino a quarant'anni fa (e forse ciò è ancora in uso in qualche landa deserta) c'era la consuetudine di fare il "patto di fidanzamento", nel quale per iscritto i genitori elencavano "la roba" che i figli portavano in dote. Secondo te la cosa più ambita e desiderata dai futuri consuoceri qual era? Ma la casa, o il terreno! Solo dopo venivano le rendite mensili in denaro e, in ultimo, i gioielli di famiglia, il corredo e tutto il resto.

Inoltre, questa forma di investimento piace perché è semplice è lineare è concreta: acquistando una mansarda, un appartamento, una villa non bisogna aspettare chissà quanto per vederne i risultati, perché il risultato è già sotto i tuoi occhi, indipendentemente da quello che farai del tuo acquisto.

La continua corsa verso il mattone però ha fatto lievitare i prezzi al mq in maniera esponenziale, non solo nei centri delle grandi città, ma anche in quelle che erano considerate le periferie delle grandi città. Con il passare degli anni queste zone inizialmente periferiche, grazie alla messa in opera di infrastrutture e migliori collegamenti, sono state riqualificate e quasi "inglobate" dal

centro-città, subendo (cosa inevitabile) una forte impennata dei prezzi al mq.
Indubbiamente, se la riqualificazione di interi territori ha portato degli ottimi profitti a chi a suo tempo aveva investito nella cosiddetta periferia cittadina, ciò non può però non aver provocato uno squilibrio sul mercato. Ha creato più di una difficoltà a molte famiglie, che pur volendo acquistare relativamente fuori zona comunque non potevano competere con i prezzi di mercato.

Ma poiché gli appartamenti servono sempre, e l'esigenza come si sa aguzza l'ingegno, l'alternativa più valida (nata quasi in sordina) è stata fornita nel giro di pochi anni dal mondo delle aste. Una vera opportunità per i privati e gli investitori.

Il web è utile per partecipare alle aste?

Certamente la spinta decisiva al "fenomeno aste" è stata data dal web, che pullula di siti specifici che ne fanno grande pubblicità, oltre che dal passaparola tra vi ha partecipato. Per agevolare chi vuole connettersi per sapere cosa offre il mercato in zona e in tutta Italia, consiglio i siti che abitualmente uso:

- www.tribunale.roma.it (e quindi: www.tribunale... di Milano, Bologna ecc.);
- www.astegiudiziarie.it;
- www.portaleaste.com;
- www.ivgonline.it.

Una dritta utile quando si apre un portale web per le aste è quella di non soffermarsi esclusivamente alle foto che sono messe lì a bella posta, per far capire quant'è bello l'immobile in gara: questo aspetto è importante, ma può diventare relativo se rapportato al prezzo che viene richiesto e, soprattutto, per l'uso che vogliamo fare dell'immobile.

Bisogna invece verificare attentamente:

- l'avviso d'asta;
- l'ordinanza;
- la perizia;
- la planimetria;
- i dati catastali;

- le foto.

L'obiettivo da perseguire non deve essere sostituito con un "innamoramento a prima vista" del bene in asta. Invece, andiamo a scorrere il bando di vendita e le pagine successive per vedere subito quello che serve per capire un po' di più sull'asta, se ci conviene partecipare e se essa può essere per noi una fonte di guadagno.

Cosa devi accertare prima di un'asta?

Diverse cose:

1. il prezzo di partenza dell'asta, per controllare se hai il denaro almeno per i primi assegni da versare; in caso negativo, devi pensare a chi può prestarti almeno questo anticipo;
2. se c'è il nominativo di una banca convenzionata, che ti può dare la differenza a saldo nel momento in cui sei diventato aggiudicatario. In mancanza, contatta subito la tua banca di fiducia per sapere i tempi e le condizioni del prestito da finanziare, perché rischi di perdere l'anticipo versato se non completi il pagamento a saldo entro i due mesi che di solito i

Tribunali concedono ai concorrenti;

3. se non ti serve il finanziamento, oppure se stai partecipando con altri interessati a fare insieme a te l'affare, verifica subito con i tuoi occhi (e quindi con soldi alla mano e/o estratto conto) la loro reale disponibilità economica; questo ti eviterà di *perdere l'acconto versato*, o di correre all'ultimo minuto per trovare il denaro che in teoria c'era, ma che allo stato pratico non esisteva. Ricordati che solitamente, chi non è abituato a fare business quando si trova in difficoltà ti sommerge di sole parole, che poi sono sempre le stesse: «Ma io credevo che ci volesse più tempo… Io speravo che mio zio mi desse il denaro…». Diffida e circondati di persone affidabili.
4. risolto il "problema denaro", dedichiamoci approfonditamente alla perizia che troveremo sul sito, perchè essa ci dirà tutto: dall'ampiezza del bene allo stato abitativo, se esso necessita di interventi strutturali o se presenta abusi edilizi da sanare ecc.

Posso fare tutti i controlli da solo?

I più semplici certamente sì, almeno tutti quelli che uno si sente in grado di comprendere sufficientemente. Ma per leggere di pesi, ipoteche e simili, oppure per verificare una planimetria al meglio, o ancora: per capire un eventuale abuso da sanare, a maggior ragione ti consiglio di rivolgerti a un esperto per individuare tra i tanti l'affare più favorevole per te. Perché, in ogni caso, le aste sono un ottimo sistema per guadagnare con gli immobili per chi ha imparato a parteciparvi. Inoltre, aggiudicarti un immobile a un'asta immobiliare presso un Tribunale ti garantisce da un punto di vista legale grande sicurezza, perché l'immobile ti perviene completamente libero da ogni gravame.

Quali sono gli step prima di un'asta?

C'è una procedura economica burocratica, che bisogna conoscere benissimo non solo per partecipare all'asta tenuta dal giudice o dal notaio incaricato (perché l'asta è aperta a chiunque) ma anche per procedere all'acquisto. Inizialmente, bisogna reperire le giuste informazioni sull'immobile su siti internet ad hoc come quelli che ho già indicato; oppure è sufficiente digitare sul motore di ricerca le parole "aste giudiziarie", e si apriranno tanti portali dedicati…

Cosa sono i *siti civetta*?

Alcuni siti, e sono veramente tanti, sono registrati sotto la dicitura "aste": quindi leggete con molta attenzione, poiché appartengono alle agenzie immobiliari, che acquistano in proprio alle aste per rivendersi il bene. In questo caso è più che evidente che non si è più in presenza di una vendita giudiziaria vera e propria, ma di un semplice acquisto tra privati che si risolverà in una fonte di guadagno solo ed esclusivamente per l'agenzia rivenditrice.

Come si fa a non sbagliare sito?

Per stare ancora più tranquilli, sul "sito asta" che stai aprendo per vedere e sapere cosa è in vendita nella tua città, aggiungi sempre il nome del Tribunale della città in cui abiti: ad esempio, se abiti a Latina, vicino a "tribunale" vai ad aggiungere "Latina". Così otterrai, scorrendo le pagine a tua disposizione, foto, ordinanze o avvisi di vendita, il numero della procedura e chi la tiene, i prezzi e le offerte minime di aumento (se l'asta è con incanto ai sensi dell'art. 534 e seguenti del Codice di Procedura Civile), gli assegni per cauzione e spese, i debiti sull'immobile, e la data di partecipazione.

Ulteriori avvisi di aste li puoi trovare sui quotidiani e anche sulle riviste specializzate. Successivamente, ti consiglio vivamente di verificare anche di persona se esistono eventuali spese che potrebbero essere connesse all'immobile, come ad esempio spese condominiali arretrate. Perché rispetto ad altre iscrizioni che gravano su un immobile all'asta, e che vengono ampiamente riportate nell'ordinanza o nell'avviso di vendita, queste, salvo eventuali azioni di recupero in corso, potrebbero non risultare.

Chi mi può accompagnare in Tribunale?

La fase successiva – se l'asta ti interessa – consiste nel vedere di quale documentazione hai bisogno per partecipare e chi può prestarti quel 20% circa (nel caso tu non ne abbia la disponibilità) che è l'importo degli assegni che si devono depositare per partecipare all'asta. Inoltre, è di fondamentale importanza conoscere il termine di scadenza per parteciparvi.

Per guadagnare tempo e denaro, consiglio vivamente di farsi seguire da un legale o da un amico geometra esperto e, se possibile, di andare già in Tribunale a prendere informazioni sul posto e per guardare insieme la perizia che si trova nel fascicolo: in questo modo, avrai tutte le notizie necessarie per valutare l'eventuale affare.

In Tribunale si possono incontrare a volte anche addetti ai lavori molto cordiali e disponibili che ti saranno di grande aiuto anche a fine gara, sia per evitare errori quando devi procedere a saldare il prezzo, sia per ottenere il tuo decreto di trasferimento.

REGOLA D'ORO: offrire un caffè agli addetti ai lavori non solo è un bel gesto, ma può farti stringere ottime amicizie.

Una volta che abbiamo affrontato il discorso pre-asta nell'ottica dei diversi e interessanti aspetti, andiamo ancora ad approfondirlo evidenziandone le *modalità di partecipazione*, su *quale immobile puntare* e *come evitare ogni possibile errore di percorso*. Questo sarà il filo conduttore del prossimo Capitolo.

RIEPILOGO DEL CAPITOLO 11:

- SEGRETO n. 1: il mercato delle aste offre moltissime opportunità.
- SEGRETO n. 2: ricordati di non “innamorarti” di un immobile ma di basare il tuo investimento su dati certi (planimetrie, perizie ecc.).
- SEGRETO n. 3: innanzitutto bisogna imparare a reperire le informazioni utili.
- SEGRETO n. 4: fare un’esperienza dal vivo a un’asta è fondamentale anche per prepararsi emotivamente.
- SEGRETO n. 5: se è possibile, fatti aiutare le prime volte da un esperto.
- SEGRETO n. 6: offrire un caffè è sempre utile.

CAPITOLO 12:

Partecipare, guadagnare e non sbagliare

Come si partecipa alla gara?

Con una domanda in carta bollata da 14,62 euro, nella quale indicheremo il nome di chi partecipa, i dati anagrafici e di residenza, il regime patrimoniale, se è coniugato, se vuole usufruire di agevolazioni fiscali/prima casa, il numero della procedura o del lotto che vuole acquistare, il prezzo che si offre (se la vendita è senza incanto come da art. 532 nonché art. 570 e seguenti del Codice di Procedura Civile).

Insieme alla domanda andranno acclusi copia del codice fiscale e del documento di identità, nonché i due assegni circolari nella percentuale richiesta, chiudendo il tutto in una busta da portare nella Cancelleria del giudice o presso lo studio notarile che tiene l'asta.

Ma chi mette il nostro nome fuori le buste chiuse per evitare che ci sia qualche errore di identificazione fino a quando non saranno aperte?
La serietà dell'asta è garantita per legge: sarà lo stesso cancelliere che scriverà di proprio pugno il nominativo di chi deposita l'offerta in busta chiusa, e lo farà solo dopo aver chiesto un suo documento di riconoscimento. La stessa cosa sarà fatta dal notaio, se questi tiene l'asta.

Cosa cambia se l'asta è *con incanto*?
Quasi nulla per quanto attiene la domanda di partecipazione, i documenti richiesti e gli assegni a cauzione e spese. La differenza consiste nel fatto che qui non va indicato il prezzo che si offre e non c'è alcuna busta da depositare chiusa. In sostanza, cambia il modo in cui si tiene l'asta con incanto, che si svolge secondo l'art. 581 e seguenti del Codice di Procedura Civile. Pertanto, ci saranno offerte fatte pubblicamente davanti al notaio o al giudice secondo gli aumenti a rilancio che già erano stabiliti nell'avviso di vendita e ai quali ogni partecipante si deve attenere, aumentandoli di volta in volta pur di potersi aggiudicare

l'immobile.

E se non posso o non ho più voglia di rilanciare?

Ti fermi e non offri più alcunché. All'asta si partecipa sì per aggiudicarsi l'immobile, ma ognuno deve tener presente fino a quale limite di spesa vuole arrivare. Se gli altri vanno oltre dimenticandosi che stanno rilanciando soldi e non caramelle, non bisogna seguirli per forza!

REGOLA D'ORO: ricordati di avere sempre in mente il budget di spesa che ti sei prefissato per poter avere un margine di guadagno. Non possiamo vincere tutte le aste, ma bisogna avere costanza nel partecipare a più gare, e lasciare agli altri i rialzi eccessivi. Perché sono molti quelli che si fanno prendere la mano, ma sono pochi quelli che realmente sanno *Guadagnare in Immobili*.

Anche se sei una persona dotata di un'ottima capacità di apprendimento e acume, e sei più che in grado di "fare la domanda " da solo/a, appare opportuno a questo punto allegare a fine testo un prospetto inerente la domanda di partecipazione. Ma l'allegato serve a dimostrare anche che la connessione col sito giusto ti dà la possibilità di avere una domanda di partecipazione – esattamente nella maniera in cui va fatta – così non c'è possibilità di errore, ed essendo già prestampata, la puoi scaricare dal sito internet dei vari Tribunali che tengono le aste, trovandola nella sezione "modulistica". Inoltre, a fine ebook troverai tantissimi altri documenti utili.

Quali sono le cose che nessuno ti dirà mai?

Abbandoniamo per un momento l'aspetto burocratico delle aste per esaminare e introdurre elementi pratici ai quali difficilmente si pensa prima di lanciarsi in una gara. Sono delle considerazioni e valutazioni che vanno fatte prima della gara e che nessuno vi dirà mai, ma che servono assolutamente per evitare di trovarsi tra le mani, dopo la tanto agognata assegnazione, un "mattone" che non è in grado di fruttare niente.

Per farlo, occorre innanzitutto tener sempre presente i *tre fattori che tengono su il prezzo di mercato*, come insegnano anche i migliori economisti, e che, nonostante qualche temporanea crisi, rendono comunque ai fini di un investimento. Questi elementi, come già sappiamo, sono: location, location, location. E questa, da sola, è già un ottimo investimento.: perché aggiudicarsi un immobile che si trova in una zona centrale e super accessoriata, con efficienti mezzi di trasporto, uffici, centri commerciali e altro va benissimo se… disponi di una certa liquidità.

Ma se non hai soldi?

In questo caso, è ancora più importante spendere bene il poco denaro che hai. Per questo adesso ti elencherò molte dritte utili che ti metteranno in condizioni di valutare al meglio gli immobili che troverai alle aste. Queste dritte sono di grande interesse economico per chi deve affrontare l'asta e per questo motivo vengono valutate, spiegate e illustrate per far sì che chiunque possa essere in grado di comprendere immediatamente quale sarà, tra i vari immobili da acquistare, *il miglior affare*. Sotto tutti i punti di vista. Riepiloghiamo un po' le cose necessarie da fare, per non sbagliare…

Quindi, dopo aver usufruito di un legale o di un geometra per valutare i pesi, le spese o le eventuali difformità abusive che possono trovarsi sull'immobile che hai individuato all'asta (e tra i tuoi amici sicuramente hai di queste conoscenze, magari tra i tuoi ex compagni di scuola…) potrai presentarti alle aste, anche nel tempo libero e senza abbandonare le tue attività principali, tra cui il lavoro. Imparerai in questo modo a fiutare e riconoscere un affare e saprai con certezza che, con questa forma di investimento immobiliare, il tuo denaro darà ampiamente i propri frutti.

REGOLA D'ORO: vivi il business immobiliare come se stessi andando a fare sport. Esso deve diventare una tua abitudine quotidiana. Allena la tua mente agli immobili e giorno dopo giorno diventerà più forte.

Come si fa a non sbagliare asta?

Per evitare di incorrere in errori nel momento in cui stiamo per affrontare un'asta, la prima cosa da non fare è quella di farci abbagliare da un prezzo troppo basso. **Verificare, verificare e ancora verificare!**

La perizia descrittiva del bene può darci informazioni utili per rassicurarci che l'immobile non sia "quasi da abbattere e ricostruire", perché se l'evenienza è questa, il gioco non vale alcuna candela, salvo tu sappia cosa stai facendo. Soprattutto se stiamo partecipando per investire e, di conseguenza, per ricavare un guadagno dall'immobile che ci sarà aggiudicato: se questo è troppo malandato, le spese per rimetterlo in sesto saranno a dir poco "toste", e neppure i più vantaggiosi tra i vari incentivi statali potranno aiutarti nel breve/medio periodo ad abbattere l'enormità dei costi sopportati.

Ma c'è ancora altro. Teniamo presente per questa tipologia di gara con "prezzi civetta" anche altre deterrenze che depongono a sfavore e che vado a elencare:

1. a una simile asta, proprio perché il prezzo è così invitante (probabilmente poiché le perizie sono ancora molto vecchie), sicuramente ci saranno tanti di quei partecipanti che risulterà difficilissimo aggiudicarsi il bene. Rischi di perdere solo del tempo che potresti dedicare a una gara dall'esito più certo;
2. solitamente poi i partecipanti a queste gare, poiché sono

convinti che stanno per fare un affare, si fanno prendere la mano con rialzi continui, il che fa aumentare spropositatamente la base d'asta, e quel prezzo che era al principio così basso sale vertiginosamente portando un ottimo guadagno a chi vende, non certamente a chi compra. Ma un po' di fortuna qualche volta può capitare…

REGOLA D'ORO: quando si partecipa alla gara, tra due immobili simili o quasi ma con base d'asta molto differente (siano essi terreni, appartamenti, box e altro) è meglio scegliere quello con la base d'asta più alta.

Perché?

A quest'altra gara ci saranno meno partecipanti, il che vuol dire meno rialzi. Il prezzo iniziale lieviterà di poco, e a fine gara ti aggiudicherai l'immobile a costo minore rispetto a quello con base d'asta minore, ma il cui prezzo può salire vertiginosamente.

E se ci sono due appartamenti simili per base d'asta?

Poiché può succedere che siano in vendita due immobili nella stessa parte della città o nella stessa periferia, simili per ampiezza e stima, e tu non sai deciderti su quale puntare, la scelta da farsi può diventare veramente difficile, e anche le domande che vengono in mente potrebbero disorientarti ancora di più invece che esserti di aiuto. Allora, esaminiamole insieme queste domande. Per essere liberi di agire:

- quali sono le dritte utili per partecipare all'asta giusta?
- come si deve scegliere tra due immobili situati nella stessa zona e che l'asta batte allo stesso prezzo?
- quali sono le caratteristiche che rendono più appetibile un immobile rispetto all'altro, ai fini di un mio investimento?

Andiamo ad analizzare immediatamente cosa occorre ancora sapere, se sei indeciso. Supponiamo che tu non ti sia ancora presentato alla gara e che hai tra le mani due domande di partecipazione ma non sai che fare, perché devi decidere tra due immobili che si trovano nella stessa zona.

Quale dritta per una corretta valutazione del bene all'asta?

La tua scelta sarà orientata verso l'immobile che presenta le maggiori e più importanti caratteristiche. E quali sono le caratteristiche più importanti da valutare in un immobile?

1. lo stato di conservazione dell'immobile;
2. il piano in cui è collocato l'appartamento e la sua esposizione;
3. i servizi di cui dispone;
4. caratteristiche particolari;
5. l'illuminazione;
6. cantine, box, posto auto ecc.;
7. età dell'immobile;
8. aspetto, finiture, pregio.

Vediamo alcuni punti…

Cosa intendo per *stato di conservazione dell'immobile*?

È importante valutare se urgono immediate o costose opere di riparazione o manutenzione. Perché sostituire una caldaia che riscalda la casa e l'acqua per farsi la doccia può avere un costo ipotizzabile di 1000 euro. Rifare invece le tubature che perdono perché obsolete non è la stessa cosa. La spesa può infatti lievitare molto dovendo inserire fra i costi lavori non previsti: ad esempio, lo smantellamento dei vecchi pavimenti per accedere alle tubature da sostituire. Questo genere di lavori non può essere fatto in economia usufruendo del solo idraulico, ma occorre tutta un'intera squadra di operai e addetti, compresi quelli che provvederanno con un apposito furgone al trasporto dei materiali di risulta presso le discariche autorizzate.

Cosa intendo per *altezza, piano ed esposizione dell'immobile*?

Se desidero investire in una casa con giardino, perché già so a chi posso rivendere questo tipo di appartamento, è ovvio che non sono interessato a un primo piano, o a un terzo. Se desidero invece investire e basta, c'è differenza tra un primo o un terzo piano.

L'appartamento più in alto indubbiamente pagherà leggermente di più per gli oneri condominiali, incluso l'uso dell'ascensore, ma per luce diretta e veduta panoramica è senz'altro più appetibile di uno con minor luce e con scarsa visuale. Quindi l'altezza del piano, la luce diretta e l'esposizione dell'appartamento devono essere presi in considerazione e valutati attentamente per essere rapportarti alle proprie esigenze. Esistono poi altri particolari che possono influire, e sono i *servizi*.

Cosa intendo per *servizi*?

Posso inserire tra i servizi se il palazzo è servito di ascensore, se c'è un posto auto all'aperto o, meglio ancora, se c'è un garage. Oppure la bellezza della location, la vicinanza di centri commerciali e altro. Difatti, se l'appartamento è situato in un bel parco pieno di alberi e fiori che catturano lo sguardo, ciò vuol dire che si presenta bene. E la bellezza del posto è di sicuro un punto a favore, che può far dimenticare a un eventuale acquirente, qualche altra carenza dell'immobile. Di conseguenza, se la location impressiona favorevolmente chi deve investire, farà senz'altro colpo anche sugli altri.

Cosa intendo per *altri servizi*?

Poiché stiamo valutando la stessa zona, questi *altri servizi* ai quali mi riferisco potrebbero sembrarti di primo acchito inutili, perché dovrebbero essere simili. Invece no. *Stessa zona* non vuol dire *nel medesimo palazzo* o *nella stessa strada*. E tra la posizione dei due immobili rispetto a questi servizi potrebbe correre una distanza anche di soli 500 metri, che comunque può fare una bella differenza e incidere molto. Ad esempio: gli svincoli autostradali rientrano tra questi servizi, e conta se sono nelle immediate vicinanze oppure lontani.

Posso ritenere importanti la distanza delle fermate dell'autobus se la zona è periferica. E certamente camminare a piedi per 100 metri oppure farne 400 per arrivare a prendere un mezzo di trasporto non è la stessa cosa, e potrebbe allontanare chiunque la dovrà percorrere, sia in inverno col freddo che in estate sotto il solleone.

Anche la vicinanza di asili nido o di scuole di vario ordine e grado oppure di un'università, collocati vicino a un appartamento anziché a un altro in asta, fa da garante sulla bontà dell'investimento che stiamo per fare, perché un simile immobile ha di per sé già un valore in più, e sarà più ambito e richiesto nel momento in cui deciderai di metterlo a reddito.

Una volta operata la scelta dell'immobile, finalmente puoi serenamente presentare la tua domanda di partecipazione e organizzarti per vincerla.

RIEPILOGO DEL CAPITOLO 12:

- SEGRETO n. 1: la domanda per partecipare costa solo 14,62 euro.
- SEGRETO n. 2: attento alle "aste civetta".
- SEGRETO n. 3: occorre perseverare e partecipare a più aste per vincere.
- SEGRETO n. 4: bisogna sempre tener presente il proprio budget per raggiungere un reale guadagno.
- SEGRETO n. 5: ricordati sempre tutti i parametri necessari per una corretta valutazione.

CAPITOLO 13:
Come aggiudicarsi un'asta e mettere l'immobile a reddito

Bisogna spendere su quest'argomento ben più di due parole. Di solito, chi partecipa a un'asta pubblica ha in mente di concludere un affare, e non sbaglia, perché le aste immobiliari sono veramente un'opportunità formidabile per chiunque necessiti di un appartamento per uso proprio o che voglia investire del denaro al meglio delle possibilità. Quindi, l'approccio al settore-aste, diciamolo pure apertamente, avviene quasi sempre con un intento speculativo. E anche questo ci sta.

REGOLA D'ORO: il segreto per vincere sempre alle aste non esiste, e chiunque osa dire il contrario ti sta prendendo in giro!

Però chi conosce bene la legge ha sempre un'arma in più rispetto agli altri. Questo principio vale sia quando vuoi vincere l'asta, perché reputi che l'investimento valga, sia quando vuoi acquistare l'immobile per te. Allora andiamo a vedere come fare per vincere a un'asta *senza incanto* e *con l'incanto*.

Come aggiudicarsi il bene a un'asta senza incanto?

Occorre ricordare che in questo caso l'offerta che contiene il prezzo che si offre per quell'immobile va messa in busta chiusa. Su quanto bisogna offrire per vedere la propria proposta accettata occorre fare riferimento al disposto dell'art. 572 del Codice di Procedura Civile, che al comma secondo così stabilisce: «Se l'offerta è superiore al valore dell'immobile determinato ai sensi dell'art 568 del Codice di Procedura Civile con riferimento all'art. 15 (*per semplificare attieniti al prezzo di base d'asta*, n.d.a.) aumentato di 1/5 la stessa è senz'altro accolta».

Come possiamo constatare, la legge viene in aiuto a chiunque voglia acquistare l'immobile che è messo all'asta spiegando a chiare lettere cosa è più conveniente fare se si è fortemente interessati a sottrarlo agli altri offerenti.

Come aggiudicarsi il bene a un'asta con l'incanto?

Per la vendita con l'incanto il metodo per l'aggiudicazione è più complicato, ma la sostanza è sempre la stessa. Occorre offrire sempre qualcosa in più rispetto agli altri che si contendono l'immobile. Facciamo un esempio pratico:

- prezzo di partenza dell'immobile: 120.000 €;
- aumenti in rialzo: 3000 €;
- un partecipante ha già offerto 3000 € in più;
- noi di quanto rilanciamo? Almeno di altri 3000 €;
- dopo quanto tempo? Entro tre minuti… e così continuando.

Cosa accade se le offerte in aumento sono tante?

Il bene all'asta viene aggiudicato temporaneamente *al miglior offerente.*

La gara è finita?

Assolutamente no. Per far riaprire la gara è sufficiente andare, entro dieci giorni da quando si era tenuta l'asta, in Cancelleria o presso il notaio che l'ha tenuta, e *offrire 1/5 in più* rispetto a quanto aveva offerto l'aggiudicatario provvisorio.

Il procedimento è chiuso?

Assolutamente no. Con questa offerta fatta fuori gara, l'immobile viene rimesso nuovamente in piazza e quindi all'asta. Partendo stavolta dal prezzo più alto.

E se dopo aver offerto 1/5 in più non partecipo?

Non conviene giocare in tal senso. Perdi tutto quello che avevi dovuto versare come *cauzione*. Questo succede perché così detta la legge ed è il giudice o chi tiene l'asta che provvede alla confisca della somma che avevi versato.

Ma come si fa ad acquisire le tecniche giuste?

È chiaro che dopo aver appreso in teoria come avviene una gara, bisogna imparare la pratica sul campo. Il suggerimento che posso dare è di facile attuazione, poiché le aste sono pubbliche, e volendo chiunque può assistere presentandosi in Tribunale nel giorno in cui l'asta si tiene. E qui potrà vedere con i propri occhi come si svolge, cosa sono i rilanci, come vengono fatti e cosa accade quando è chiusa momentaneamente la gara.

Certamente alcuni giudici, specialmente quando trattano di aste fallimentari, preferiranno (per concentrarsi meglio) avere la porta chiusa per attutire il chiacchiericcio dei corridoi, ma nella maggior parte dei casi le porte restano aperte. Sarà molto più difficile, invece, assistere a un'asta tenuta dal notaio nel suo studio, a meno che non si intrattengano rapporti di amicizia o di conoscenza diretta con lui. Inoltre, per aiutarti ulteriormente sull'argomento, è stato realizzato il dvd *Le Aste Immobiliari*.

Ho partecipato, ho vinto, ho i soldi ma .... devo pagare. Cosa bisogna fare?

Si passa in Cancelleria per farsi fare, possibilmente seduta stante, tutti i conteggi per saldare il prezzo (ecco perché è necessario intrattenere buoni rapporti con gli addetti alla Cancelleria). Una volta che ne siamo in possesso, dobbiamo necessariamente pagare entro il termine stabilito, che per legge è al massimo di sessanta giorni, anche se il termine può essere più breve (trenta giorni).

La ricevuta dell'avvenuto versamento del prezzo – che deve essere pagato secondo le modalità indicate dal giudice nell'ordinanza di vendita – va depositata sempre nella sua Cancelleria. Lo stesso iter va seguito passo passo se la vendita all'incanto è stata tenuta dal notaio, poiché sarà lui a farci fare i conteggi dai collaboratori del proprio studio, presso i quali andrà depositata anche la ricevuta del saldo prezzo.

Non ho tutti i soldi: come farò a saldare il prezzo?

La legge stabilisce espressamente che il pagamento del prezzo di un bene acquistato a un'asta possa essere effettuato anche da un terzo che ci concede il finanziamento. In questo caso, per saldare entro i sessanta giorni, è utile rivolgersi all'istituto di credito almeno un mese prima di partecipare all'asta, per concedergli tutto il tempo necessario per poter istruire la pratica e concederci il mutuo o un prestito. Gli accertamenti bancari consisteranno in un'altra ed eventuale perizia sull'immobile, nonché in indagini presso le banche dati contenenti l'elenco dei debitori insolventi e infine, richiesti a noi, di documenti attestanti il reddito per garantire l'affidabilità del credito concesso e la conseguente capacità di pagamento.

Aspetto il decreto di trasferimento: cosa farò del bene che mi sono aggiudicato?

Una volta che abbiamo definito e risolto ogni problema legato alla nostra asta e siamo quindi in attesa del decreto di trasferimento (che deve essere solo completato e perfezionato) non dobbiamo dimenticare che se l'appartamento è stato acquistato col solo fine di arricchire un po' di più le nostre entrate, dobbiamo subito pensare a come ricavarne un guadagno. Si apre adesso una seconda fase nel nostro percorso, nella quale si vanno a esaminare le ulteriori possibilità di accrescimento del capitale investito. Tratterò adesso del *lifting immobiliare.*

Come si fa a valorizzare il mio investimento per farlo rendere di più e meglio prima di immetterlo sul mercato?

Semplicemente rinfrescandone le pareti, o ridipingendo le porte con colori accesi e intonati alla nuova tinta. È incredibile quanto possa rendere di più un appartamento, pure se è vecchio e fatiscente, con un po' di colore e di vernice fresca: acquista subito un altro aspetto regalando una sensazione di nuovo a quello che nuovo non è.

Forse dipende dall'odore della vernice, ma questo piccolo *lifting immobiliare* dà al visitatore interessato l'impressione di entrare in una casa che esprime freschezza e pulizia, cosa questa che altre case, anche se arredate ma trascurate sotto questo aspetto, non riescono a trasmettere. Rivalutato con una mano di vernice, l'immobile è pronto per essere pubblicizzato e darti i suoi frutti.

Quale accorgimento usare per il pavimento?

Se è il pavimento a deprezzare l'immobile, in questo caso apparentemente può sembrare che non ci siano speranze, perché se tale pavimento è datato o dà come un senso di vecchiume, c'è poco da fare. D'altra parte, smantellare dei pavimenti che sono in ottimo stato, perché brutti e vecchi, è uno sfizio costoso. La soluzione più conveniente è quella di ricoprirli.

Servono solo dei buoni amici tra i quali qualcuno che abbia una vecchia zia con un garage o un sottotetto pieno zeppo di cose belle che non vengono utilizzate più, come dei tappeti Kilim, addirittura qualche persiano ormai liso e dai colori sbiaditi, anche delle stuoie di cocco, ottime per un soggiorno moderno o in cucina. Qualunque cosa, buona per coprire e dare colore, luce e nuova vita a vecchi e brutti pavimenti, deve essere accolta e... stesa per terra! A maggior ragione se è gratis.

Ma cosa possiamo ancora fare se non abbiamo tappeti e vogliamo migliorare l'aspetto del nostro pavimento senza spendere molto?

È sufficiente acquistare del linoleum, che è un materiale anche alquanto ecologico poiché è a base di olio di lino, che ha il pregio di costare poco al mq, che è molto resistente ed è di grande durata. Viene venduto in teli di due metri di altezza di vario spessore ed è largamente usato per abitazioni, uffici, alberghi e ospedali. Dopo averlo tagliato a misura viene steso sul vecchio pavimento tramite un incollaggio totale.

Perché non serve spendere di più in migliorie?

Teniamo presente che apportare migliorie estetiche di una certa consistenza economica dopo aver fatto un investimento già così importante come l'acquisto di un immobile con tutti gli annessi e connessi di spese che comporta, non arreca utilità ad alcuno. A meno che fin dall'individuazione dell'asta tu non abbia preventivato di fare un'operazione inclusa di ristrutturazione.

Perché se vuoi rivendere l'immobile, nonostante siano evidenti le migliorie apportate per rimetterlo a nuovo, l'acquirente non te le pagherà: certamente egli valuterà l'insieme che gli farà un'ottima impressione, ma comunque offrirà il prezzo di mercato, non uno maggiore o diverso solo perché il pavimento è bello. Inoltre, quando si tratta di interni, il gusto e l'estetica sono elementi talmente soggettivi che quello che per te può essere il top a un altro può non piacere.

REGOLA D'ORO: quando si tratta di *lifting immobiliare*, punta su colori neutri; usare colori forti che piacciono solo a

te rischia di soddisfare te, ma di allontanare gli acquirenti.

Normalmente, chiunque acquista un immobile prima ancora di abitarlo già pensa a come lo modificherà per "sentirlo proprio" rispetto alle sue esigenze e alla sua personale idea di casa. E allora, quando si ristruttura realmente un immobile bisogna effettuare solo i lavori strettamente necessari affinché il nuovo acquirente abbia un immobile in buone condizioni e utilizzabile. Ciò per evitare anche che le migliorie siano inutili e costose senza apportare ulteriore profitto; questo argomento lo troverai approfondito nei dvd *Costruzioni e Ristrutturazioni*.

Quale soluzione per porte e finestre?

Altro elemento da non trascurare e che colpisce immediatamente l'attenzione di eventuali acquirenti o locatori del bene che ci siamo aggiudicati è, per l'appunto, lo stato di porte e serramenti, specialmente quelli con il telaio in legno. Perché una finestra con un vetro rotto, una porta che cigola ogni volta che la si tocca oppure che non chiude più sembrano apparentemente delle piccolezze, ma non è così. Cosa penseresti di una camera da letto dove la porta è “scesa” e non si chiude? Certamente che è da sostituire, cosa che comporta quindi altre spese non indifferenti per comprarla e per montarla.

Invece, attenendoci ai parametri *del minimo esborso con massimo rendimento* sono sufficienti un paio di euro per alcune rondelline gommate che si comprano presso ogni ferramenta, e ogni porta si solleverà e si chiuderà come fosse nuova. E ancora: per i tremendi cigolii delle porte va acquistato, sempre dal ferramenta, un po’ d’olio per macchine da cucire, altrimenti è altrettanto valido quello d’oliva, che va spruzzato o passato con un po’ di ovatta sulle cerniere: ed anche il cigolio può dirsi risolto. Con un po’ di olio di gomito e qualche piccola idea abbiamo completamente trasformato il nostro investimento.

Cosa farne?

Riflettiamo insieme e vediamo come metterei a reddito il tuo acquisto. Le possibilità sono veramente infinite.

1. Posso rivenderlo a prezzo maggiorato e guadagnarci subito

Perché il prezzo di acquisto di una casa all'asta può arrivare a un 20% o 30% in meno rispetto agli altri appartamenti che si trovano sul mercato privato, e anche oltre in alcuni casi. Quindi, se opto per questa soluzione e mi interessa realizzare subito un guadagno, e ho già a chi proporre la casa, la vado subito a rivendere.

In che modo?

Consideriamo il caso che l'appartamento appena acquistato sia stato pagato per contanti e sia costato 250.000 euro, ma avrebbe potuto essere acquistato tranquillamente anche con un mutuo totale. Poiché stiamo trattando di affari e non di beneficenza, e desideriamo un ***guadagno secco immediatamente***, andiamo a evitare di maggiorare eccessivamente il prezzo, e aggiungiamo solo un 20% in più. L'appartamento sarà rimesso sul mercato con un prezzo addirittura inferiore al reale valore di mercato, perché esso vale in realtà tra il 20 e il 30% in più. Quindi, è stato reso non solo appetibile e interessante per il nuovo acquirente, ma molto competitivo rispetto ad altri!

Cosa accade adesso al tuo investimento?

Lo schema sottostante lo evidenzia:

USCITE		
Acquisto	250.000 €	+
Verniciatura	1000 €	=
Totale uscite	251.000 €	

ENTRATE		
Capitale investito	251.000 €	+
Rivendita 20%	50.000 €	=
Prezzo di rivendita	300.000 €	

ROI da investimento 49.000 €

In quanto tempo ha reso il mio investimento? In quindici giorni o, massimo, sessanta giorni.

Questo è il tempo tecnico, diverso presso ogni Tribunale ma necessario per definire tutta la pratica di trasferimento dell'immobile, che sarà molto più veloce se le operazioni di vendita sono state affidate a un notaio delegato che, tra collaboratori e dipendenti, ha un nugolo di persone dalle quali farsi aiutare.

Invece, se l'asta è stata tenuta da un giudice, il tempo tecnico necessario per ottenere il nostro decreto che attesti che siamo ormai proprietari del bene potrebbe lievitare anche di altri mesi, indipendentemente dal fatto che avevamo provveduto al saldo del prezzo nei termini stabiliti nell'ordinanza di vendita. La motivazione è facilmente desumibile da quanto ho appena detto: il giudice è solo nel redigere o predisporre il decreto, non ha segretari efficienti e collaboratori personali (ricordati del caffè!), niente di tutto questo.

Le uniche persone sulle quali può contare dopo aver preparato gli atti sono gli addetti alla Cancelleria – sempre troppo pochi per il tanto lavoro che svolgono – i quali provvederanno, prima durante e dopo l'aggiudicazione, a dare ogni informazione al pubblico (e quindi a noi) sui tempi tecnici, sulle modalità di pagamento a saldo e anche in merito alla restituzione degli assegni depositati, nella malaugurata ipotesi che dalla gara non si esca vittoriosi. Quindi, se il nostro decreto ritarda dobbiamo attivarci. Quale dritta, in questo caso? **Rechiamoci spesso in Cancelleria**, anche a costo di spendere qualche euro in caffè da offrire agli addetti, per sollecitare e tenere vigile la loro attenzione sul nostro provvedimento.

Ma per l'immobile acquistato all'asta occorre l'atto notarile?
No. Trattandosi di un acquisto fatto in Tribunale, la proprietà del bene immobile – che sia un garage, un locale commerciale una villa un appartamento o un terreno – ci viene trasferita dal Tribunale tramite il cosiddetto *decreto di trasferimento*.

Acquistare all'asta fa risparmiare?

Sì. La particolarità di questa forma di acquisto comporta che le spese da sostenere rispetto a una vendita tra privati, che avviene per rogito notarile, sono molto ridotte. Innanzitutto, perché non si paga l'onorario al notaio (le tariffe notarili sono in percentuale al valore del bene da rogitare), quindi il risparmio è nell'ordine di parecchie migliaia di euro. E inoltre le spese dell'atto notarile per una compravendita tra privati non si possono scaricare dalle tasse.

Va aggiunta ancora a questa tipologia di acquisto un'altra forma di risparmio molto consistente e alla quale nessuno pensa o fa riferimento, che consiste nelle spese di mediazione pari al 3% che sono dovute all'agenzia immobiliare: di norma, questa è la percentuale dovuta agli agenti mediatori, ma può anche “lievitare” per gli accordi presi con l'agenzia.

Facciamo un esempio pratico?

Poniamo il caso che due persone tramite un agente immobiliare concludano una compravendita di valore pari a 100.000 euro. A questo importo andiamo ad aggiungere le sole spese dovute al mediatore, che ammontano a 3000 euro più le spese del rogito, che tenendoci "molto al ribasso" andiamo a calcolare nella medesima percentuale. L'uscita di cassa sarà di ben 6000 euro in più rispetto a un acquisto all'asta. Con l'asta non ci sono queste spese, per cui il risparmio ottenuto si traduce in una fonte di guadagno pari ad almeno 6000 euro.

REGOLA D'ORO: ogni forma di risparmio-guadagno che ti viene evidenziata, ricordatela, usala e falla tua migliorandola. Il risparmio è il primo guadagno.

Quanto appena affermato fa parte della filosofia che anima tutto il testo, ed è uno dei tanti motivi per il quale l'ebook si chiama *Guadagnare in Immobili*.

RIEPILOGO DEL CAPITOLO 13:

- SEGRETO n. 1: non esiste un sistema per vincere tutte le aste, ma chi conosce la legge è sempre avvantaggiato.
- SEGRETO n. 2: lifting e ristrutturazione immobiliare, l'importante è sapere cosa fare.
- SEGRETO n. 3: con i colori neutri non sbagli mai.
- SEGRETO n. 4: ogni lezione di questo ebook apprendila, usala e, soprattutto, falla tua migliorandola. Pensa e agisci da immobiliarista.
- SEGRETO n. 5: il risparmio è il primo guadagno.

CAPITOLO 14:
Approfondimento: aste e immobili a reddito

Approfondiamo l'argomento "aste" e individuiamo un altro metodo per guadagnare con gli immobili. Mettiamo il caso che tu abbia difficoltà a reperire fondi, oppure desideri guadagnare con costanza. Hai altre aspettative e quindi vorresti:

- un affare redditizio a lungo termine;
- crearti un cashflow;
- iniziare senza un euro.

Andiamo allora a prospettare la soluzione più adatta a queste esigenze, prendendo ad esempio lo stesso investimento di prima, ma con un prestito dalle banche. In questo esempio, per facilitare i conteggi ed evitare i decimali, arrotonderò al 5% il tasso corrente, che è del 4,42%. Mi raccomando di controllare periodicamente i nuovi tassi di interesse!):

Prestito in banca	250.000 €
Rata con tasso interessi passivi	5% annuo

Gli elementi che ci servono sono una busta paga (ecco l'importanza di conservare il lavoro!) e/o un fideiussore.

La garanzia accessoria: la fideiussione

È meglio chiarire subito cos'è la *fideiussione* da portare in banca per avere un prestito nel caso non si posseggano denaro e beni attivi. Si tratta della garanzia che dà alla banca una persona diversa dal richiedente il prestito: può essere un genitore, un parente, un amico... chiunque cioè possegga beni o possa garantire alla banca che se colui che ha contratto il prestito non onora i pagamenti, provvederà a pagarli lui al suo posto.

Non tutti possono prestare una garanzia fideiussoria, a maggior ragione se non hanno beni immobili. Sarà l'istituto di credito a valutare se il garante ha i requisiti richiesti valutando il suo reddito disponibile che, sommato a quello del mutuatario, deve essere sufficiente a far fronte alle rate. Anche l'età è un fattore che viene considerato, perché il limite fideiussorio è fissato a 75 anni di età.

Di solito poi la garanzia prestata non è mai per tutta la durata del prestito, ma è di 1/3 rispetto a questo e comunque non supera i dieci anni, perché il periodo critico nel quale potrebbe verificarsi un'insolvenza da parte di un giovane di norma è nei primi anni del finanziamento; per gli anni successivi si suppone invece che le entrate del mutuatario aumentino, rendendogli in tal modo la rata più "leggera". Dopo aver trattato con la banca ai fini del prestito, poiché hai le carte in regola, lo ottieni:

Prestito dalla banca 250.000 €

Acquistiamo così l'immobile agli stessi patti e alle stesse condizioni di prima, all'asta:

Acquisto dell'immobile 250.000 €

Chi provvederà ai tuoi pagamenti?

Altre persone. Nel nostro caso: degli studenti. Andiamo quindi a rimettere sul mercato l'immobile appena acquistato e lo pubblicizziamo soprattutto agli studenti che frequentano atenei, accademie e master lontano dalle loro residenze abituali. *Quanto ci costa la pubblicità?* Quasi nulla, poiché ci sono riviste specializzate che non richiedono alcuna somma e altre che si prendono pochi euro.

Poiché l'appartamento dispone di quattro vani due bagni e cucina, gli studenti avranno a disposizione ognuno una camera, un bagno ogni due persone e l'uso comune della cucina, il tutto al prezzo di 500 euro ciascuno. Piccolo inciso: locare una camera agli studenti in grandi città come Roma, Milano, Bologna, Firenze, Napoli o Perugia comporta all'incirca queste entrate. L'importante è registrare il contratto di locazione.

Quanto percepiamo mensilmente? La somma di 2000 euro al lordo. *E dopo un anno dall'investimento che succede?* Andiamo allora a fare una breve analisi dell'investimento alla fine del primo anno:

Guadagno a inizio anno	0 €
Prestito bancario (entrata)	250.000 € -
Acquisto appartamento (uscita)	250.000 € =
Totale	0 €

Poiché l'*entrata* e l'*uscita* si annullano tra di loro, scherzando con il linguaggio dei numeri può apparire che niente avevi e nulla hai: **a parte una casa**. E questa ti comporterà spese, quindi dobbiamo includere ancora gli interessi da pagare alla banca e che andiamo a calcolare in:

Uscita: rata per interessi passivi al 5% annuo 12.500 €

Però c'è anche un fitto che abbiamo percepito e che va posto in:

Entrata: fitto annuo 24.000 €

Adesso l'affare si fa interessante…

Cashflow:

Se la mia *entrata* annua è pari a 24.000 € -

E se la mia *uscita* annua è pari a 12.500 € =

Mi resta un *guadagno* pari a 11.500 euro

Come abbiamo appena visto, farsi prestare soldi dalle banche non è un debito, ma una possibilità per arricchirsi, perché l'investimento in immobili ha una dote speciale: quella di cambiare la vita alle persone che ne conoscono le regole. Così tu che volevi tutto e sei partito dal nulla, usando la testa sei riuscito ad ottenere un cashflow eccezionale.

Tra i tanti segreti rivelati, di quale "dritta" ti sei impadronito? Quale regola hai applicato?

Quella dei ricchi, che si riassume come ben sappiamo in questo straordinario concetto: *per guadagnare con gli immobili utilizziamo i soldi delle banche.*

Abbiamo concluso l'analisi di quest'investimento?

Non ancora. C'è un piccolissimo ma importantissimo dettaglio che non ci deve sfuggire: oltre ad avere per sempre un cashflow… hai anche *una casa di tua proprietà!*

La casa è entrata a far parte del tuo patrimonio e ci resterà fino a quando non deciderai di reinvestirla per aumentare ancor più il tuo patrimonio. Nel frattempo, sappiamo che il valore di questo investimento cresce, anche dopo una forte crisi economica. Allo stesso modo crescerà il suo cashflow, che è soggetto a indicizzazione ISTAT annuale.

E tutto ciò, partendo da zero

Le nozioni sono importanti nella vita di ognuno di noi e possono influenzare enormemente il lavoro che facciamo. Pertanto accade, più spesso di quanto si possa supporre, che un conto in rosso possa interferire nella vita di una persona al punto di buttarla talmente giù da farla sembrare ammalata. E il mio medico ne sa qualcosa… Andremo a vedere nel prossimo Capitolo che cosa gli è successo.

RIEPILOGO DEL CAPITOLO 14:

- SEGRETO n. 1: acquista alle aste: hai la possibilità di guadagnare subito il 20-30%.
- SEGRETO n. 2: l'affare infatti si effettua quando si compra.
- SEGRETO n. 3: per iniziare affidati a un esperto.
- SEGRETO n. 4: vivi il business immobiliare come se stessi andando a fare sport: deve diventare una tua abitudine quotidiana. Allena la tua mente agli immobili, e giorno dopo giorno essa diventerà più forte.
- SEGRETO n. 5: leggi e rileggi i parametri per una buona valutazione dell'immobile.
- SEGRETO n. 6: specializzati nel lifting immobiliare.
- SEGRETO n. 7: un immobile può anche essere messo a reddito.
- SEGRETO n. 8: se vuoi guadagnare con gli immobili partendo da zero, utilizza i soldi delle banche.
- SEGRETO n. 9: pubblicizza al massimo il tuo immobile attraverso le riviste di settore.
- SEGRETO n. 10: guadagnare con gli immobili può cambiare la vita alle persone.

- SEGRETO n. 11: creati un cashflow eccezionale.

CAPITOLO 15:

Comprare un terreno

Volendo guadagnare investendo in un suolo quali sono le cose che occorre sapere?

Dipende tutto dalle motivazioni che abbiamo e che ci portano verso questa forma di investimento immobiliare anziché verso le altre tipologie. Se il nostro interesse è investire solo ed esclusivamente del denaro che abbiamo in più a nostra disposizione, anche un suolo agricolo può andar bene: potremmo persino pascolarvi le mucche! Ma se lo scopo è di vederlo fruttare immediatamente, o al più tardi nel breve medio tempo, le valutazioni ai fini di un acquisto devono essere completamente diverse.

Cosa devi sapere prima di acquistare un appezzamento di terreno?

Poniamo per ipotesi che tu abbia da poco un'impresa di

costruzioni: chiaramente ti avvicinerai all'acquisto di un terreno che richiede l'impiego di cospicue somme per edificare, non di certo per rivendere, perché a questo punto il gioco non vale la candela. Te ne spiego il motivo…

Un errore di valutazione nella scelta del terreno comporta che dovresti tenere, chissà per quanto tempo, immobilizzate le cifre rilevanti per le quali ti sei esposto con le banche o con altri finanziatori, restando in attesa che il tempo faccia il suo corso per poter guadagnare qualcosa. Dovresti attendere, chiaramente, che il bene si rivaluti; ma devi anche sperare che si faccia avanti un promittente acquirente. Ti troveresti, operando alla cieca, ad accollarti tanti rischi senza avere alcuna certezza su come rifarti almeno degli interessi e forse di una piccola parte del capitale che hai anticipato.

Se invece voglio edificare, che cosa devo fare?

Nel caso invece tu volessi procedere a un acquisto a scopo edificatorio il terreno deve essere edificabile, ossia la sua destinazione urbanistica deve essere quella e non un'altra. Per accertare se è vero devi informarti presso il Comune nel quale è situato il terreno, recandoti alla sezione Urbanistica, dove c'è il SUE, ossia lo Sportello Unico dell'Edilizia, per acquisire le notizie sul Piano Regolatore di zona.

Cosa devi cercare nel Piano Regolatore?

Qui si andrà a verificare la destinazione del terreno e cosa dispone il Piano anche relativamente all'*indice di fabbricabilità.*

Cos'è l'indice di fabbricabilità e a che serve?

L'indice è determinante per "guadagnare" perché secondo l'estensione del terreno e l'indice approvato si otterrà la cubatura e quindi i "volumi sotto e fuori terra" che si possono edificare. Un bravo costruttore, poiché è il suo mestiere, capirà subito da solo o con l'aiuto di un ingegnere che collabori con lui quanti palazzi e appartamenti può ricavare da quel suolo. Ma per i neofiti, e a ulteriore chiarezza dell'indice di fabbricabilità, riporto un esempio di un piccolo appezzamento, indicando i primi coefficienti ai quali attenersi:

Superficie del terreno mq	1000 x
Indice di fabbricabilità	2 =
Totale	2000

Quello che abbiamo ottenuto moltiplicando l'estensione del nostro terreno per l'indice di fabbricabilità rappresenta la *cubatura* o il *volume*. Quindi, su un terreno di 1000 metri quadrati puoi al massimo costruire 2000 metri cubi di fabbricato. Il prezzo del terreno è chiaramente rapportato all'indice di fabbricabilità per motivi fin troppo ovvi: di conseguenza, più l'indice è alto, più vale il terreno.

Quale ulteriore notizia occorre chiedere al SUE

Altra cosa sulla quale informarsi è il *permesso a costruire*. Occorre attingere informazioni per sapere se il Comune lo rilascia in breve tempo dalla richiesta, ossia entro i sessanta giorni (come è previsto dal DPR 380/01), oppure se vengono effettuati comunque dei sopralluoghi prima del rilascio. E inoltre, nel caso che sul terreno ci siano vincoli ambientali o altro per i quali devono essere rilasciate ulteriori autorizzazioni, se a far ciò provvederà il Comune stesso: è chiaro che per ottenerle ci vorrà molto più tempo di sessanta giorni.

Soffermiamoci adesso su alcuni concetti collegati ai terreni, alle costruzioni e ai guadagni per assimilarli bene e farli nostri. E ti spiegherò questi concetti con un fatto realmente accaduto al mio amico Giovanni.

Il medico di famiglia

Il mio medico di fiducia ha sempre avuto il pallino degli affari. Come ogni libero professionista, poteva avere uno scoperto bancario che gli sarebbe potuto servire per il lavoro. Armato della propria **dichiarazione dei redditi**, si presentava puntualmente all'istituto di credito e lì chiedeva "un fido". Fino a pochi anni fa la somma concessa dalle banche per quest'operazione si aggirava sui 15.000 euro.

Un pomeriggio lo andai a trovare al suo studio: una brutta caduta mentre giocavo una partita di calcetto con altri amici mi portò forzatamente da lui. Dopo un'accurata visita, mi consigliò dei cerottoni da applicare sulla parte dolente. Si trattava di un banale trauma muscolare. Lo trovai particolarmente giù di morale… Poiché da anni aveva rapporti amichevoli con tutta la mia famiglia, rapporti che non si fermavano ai soliti convenevoli ma erano più profondi, lo conoscevo bene e mi aveva colpito il suo modo di fare: sembrava presente, ma nello stesso tempo era con la testa da un'altra parte. Normalmente, dopo ogni visita mi raccontava qualche spassosa barzelletta, che aveva sentito dai rappresentanti farmaceutici che passavano allo studio. E anch'io, se ne avevo qualcuna non troppo datata e risaputa, gliela raccontavo.

Dalle barzellette passavamo ad argomenti di lavoro o di vita quotidiana, sempre che non ci fosse la fila dei clienti fuori, come sovente accadeva. Stranamente, forse perché era un finesettimana o perché era ancora presto, non c'era gente fuori, e questo, unito al fatto che gli ero sinceramente affezionato, mi spinse a domandargli perché fosse così abbattuto da sembrare quasi depresso.

Mentre chiedevo, mi balenò per la mente che forse era affetto da qualche malanno: in fondo anche i dottori si ammalano. Avevo già capito che era disponibile al dialogo, ma volevo esserne certo. Intuivo però anche che il suo problema non era dovuto ad alcun malanno. L'origine, come venni a sapere, era di tutt'altra natura: si trattava di *mal di fido*.

Giovanni (questo è il suo nome) mi sorprese mettendomi al corrente di una sua iniziativa che non riusciva più a portare avanti. Mi spiegò che erano anni che avrebbe voluto sfruttare al meglio il fido che gli concedeva la banca, ma non bastava tutta la buona volontà del mondo per arrivare a fine anno senza "aver pizzicato" dallo scoperto. Così facendo e nonostante versasse gli interessi trimestrali, per timore di non farcela più a pagare ogni anno lasciava parte del fido inutilizzato, premurandosi di reintegrarlo con la tredicesima natalizia. Mi venne da pensare subito che eravamo già ai primi giorni del mese di dicembre… povero amico mio!

Stava per spendere nuovamente tutta la tredicesima senza avere alcunché in cambio… che brutto Natale avrebbe passato!

Tornando a lui, mi venne spontaneo chiedergli come mai un professionista che guadagnava quasi 5.000 euro al mese fosse costretto a rimpinguare il già lauto stipendio aiutandosi con un prestito. E se lasciava parte del fido inutilizzato pagandoci sopra pure gli interessi, perché lo faceva? Qual era lo scopo?

Giovanni, come un fiume che straripa e rompe gli argini, mi inondò di parole. Mi disse che aveva adocchiato dei terreni che stavano poco lontano dal campo sportivo e che ci aveva fatto un pensierino. Il suo progetto finanziario, rigorosamente a debito, prevedeva la costruzione di una palazzina dove raggruppare la numerosa famiglia che includeva: due fratelli pensionati, le due figlie maggiorenni nate da un precedente matrimonio, la nuova famiglia, composta dalla seconda moglie e dal bambino che avevano avuto. Quindi, se si fossero fermati a questo solo figlio, occorreva l'appartamento anche per lui. Ma se la famiglia si fosse allargata…

Fermai Giovanni in tempo, perché capii che ci girava intorno senza arrivare al punto dolente, che era il fido. «Come sai, la vita è complicata», mi rispose «e io me la sono complicata ancora di più. Ho gli alimenti da pagare alla prima moglie, ed è una bella fetta di guadagno che va via ogni mese. Devo pagare anche le spese extra necessarie per l'istruzione delle ragazze, e la prima è ancora universitaria. La seconda si è fermata al diploma, e si è impiegata presso un privato che le dà 300 euro al mese, con la scusa che deve ancora imparare. Come faccio a non pagarle il premio per l'assicurazione della macchina e la ricarica del cellulare?»

«È una bella domanda, Giovanni» gli risposi di rimando. Messo da me alle strette, finalmente il mio amico medico riuscì a sputare il rospo per liberarsi del proprio problema. L'idea del prestito era nata in concomitanza alla scoperta di quei famosi terreni vicino al campo sportivo. Sul conto aperto avrebbe voluto mettere, nel giro di poco tempo, delle somme mensili da accantonare in previsione dell'acquisto di uno di quei terreni. Mettere da parte un sostanzioso acconto gli avrebbe consentito di chiedere, alla stessa banca, la restante somma a mutuo.

Adesso che tutto mi era chiaro, capivo anche il motivo per cui il fido restava parzialmente inutilizzato e andava a versare puntualmente gli interessi: Giovanni, in pratica, si stava creando a modo suo delle garanzie personali – non avendo fideiussioni o altro da portare in banca allo scopo di dimostrare la sua affidabilità all'istituto di credito – qualora gli fosse servita una grossa somma.

Era un cane che si mordeva la coda e glielo dissi apertamente. I suoi problemi economici erano diventati talmente pressanti da fargli perdere di vista l'obiettivo iniziale, che era il prestito per acquistare il terreno. Gli chiesi se desiderava realmente avere un aiuto da me.

Non ci fu bisogno di parole, perché si alzò per abbracciarmi. Innanzitutto gli chiesi qualche ora da dedicare alla frequenza di un mio corso sugli investimenti immobiliari, perché il suo pallino per gli affari era lodevole, ma non lo avrebbe portato mai lontano senza un'istruzione appropriata. Lui aveva solo l'idea di quel che voleva, ma non aveva le informazioni utili per trasformare quell'idea in un progetto concreto da portare a termine.

Analizzata la sua *personale situazione* e dopo qualche mese *di esercizi adatti*, avendolo io stesso in cura, gli *prescrissi* di recarsi presso ogni banca dove era conosciuto, e di chiedere a ognuna di esse il solito prestito, detto "a professionista". Rafforzato nelle proprie capacità e avendo ora gli strumenti adatti, dopo poco tempo Giovanni aveva sui quattro conti che gli avevano aperto ben 60.000 euro. Continuando a frequentare i miei corsi, le sue convinzioni sulla tipologia dell'investimento che si era prefissato crescevano sempre più, tant'è che voleva lanciarsi sull'affare e impegnarsi per iscritto prima ancora di informarsi meglio.

Poiché era quasi pronto, lo indirizzai al Comune di appartenenza – che poi era quello in cui insisteva il terreno che gli interessava – per avere qualche notizia utile o saperne di più. Ero convinto che avrebbe ottenuto buone informazioni. Perché quei terreni erano tre, e si trovavano, unici nella zona, a essere accerchiati da costruzioni. Pertanto, la logica e l'esperienza insegnano che se un terreno è classificato come agricolo, il suo prezzo al mq non arriva neanche alla decima parte del prezzo al mq di un terreno edificabile.

Ma non è questa la parte interessante. Il bello viene adesso... Nella stragrande maggioranza delle volte, quando un terreno agricolo si trova in un centro residenziale, cioè è un oasi di verde accerchiata da palazzi già costruiti, prima o poi viene *lottizzato*. Purtroppo, molto spesso, di verde per respirare non ne lasciano più.

Di solito il Comune di appartenenza del terreno, avendo interessi notevoli (che al momento poco serve sapere), modificando una parte del Piano Regolatore o approvandone uno nuovo, può apportare quelle variazioni idonee a trasformare un suolo agricolo acquistato per quattro soldi in un suolo edificabile che vale tanti soldoni. E difatti era così: Al Comune già si discuteva – (lo avevamo saputo dalle solite voci di corridoio...) che il Piano Regolatore sarebbe cambiato. Soltanto che non si sapeva quando.

Giovanni acquistò l'appezzamento di terreno, il più piccolo fra i tre che c'erano. Nel frattempo versava annualmente gli interessi a un tasso molto conveniente sui quattro scoperti, incluso quello che già aveva. Il prospetto che segue ci indica i costi che sopportava:

USCITE

istituti di credito	*importi erogati*	*tasso int. annuo*
Banca A	15.000 €	13,75%
Banca B	15.000 €	13,75%
Banca C	15.000 €	13,75%
Banca D	15.000 €	13,75%
Totale interessi passivi annui		8250 €

Dopo tre anni l'amministrazione comunale cambiò e la nuova lottizzò l'area. Il terreno acquistato a 60.000 euro spiccò un volo altissimo: la sua quotazione di mercato era di circa 700.000 di euro. Nel frattempo Giovanni aveva versato in conto "scoperti", con cadenza annuale 8250 euro. Dopo tre anni aveva sostenuto spese per:

USCITE

Pagati 24.750 € (interessi passivi)

Prestati	60.000 € (acquisto terreno)
Totale	84.750 €

E cosa ne ha ricavato?

ENTRATA	700.000 € (valore lordo del terreno)

Finalmente Giovanni, che era partito stavolta da zero ma con l'istruzione giusta, *aveva avuto un ritorno da investimento altissimo.* Sembra pazzesco quello che ha fatto, eppure c'è riuscito. Quando si tratta di immobili e ci sai fare, guadagni sicuramente tanto!

Osserviamo meglio le sue ulteriori possibilità di investimento, che potrebbero essere queste:

1. trattare con il costruttore vendendogli il terreno per il valore che ha, ossia 700.000 euro;
2. accordarsi con lui per cedergli il terreno e avere in cambio degli appartamenti, cosa chiamata in linguaggio tecnico *permuta*;

3. cedere il terreno e farsi dare un solo appartamento e la differenza in denaro;
4. vendere il terreno, rinunciare agli appartamenti e con il denaro in tasca trovare altri appartamenti a prezzi più convenienti.
5. vendere il terreno, reinvestire tutto il denaro e crearsi un cashflow che gli consenta di vivere meglio e di realizzare definitivamente il suo sogno: avere una palazzina tutta sua. E in più, avere rendite automatiche ogni mese.

Con le opportune cure, Giovanni è riuscito concretamente a riprendersi. Non è più depresso. Mi hanno detto che fischietta sempre. E ti credo! Vedi un po' che bel colpo ha fatto usando bene il denaro delle banche! Il mio amico Giovanni ha saputo guardarsi in giro e ha trovato il terreno che cercava. Una volta che ha preso in mano le redini della sua vita ha continuato imperterrito a rincorrere il suo sogno fino a quando c'è riuscito.

Ma tu, per trovare il tuo investimento immobiliare e guadagnare, oltre che alle aste dove puoi "guardare"? Seguimi nel prossimo

Capitolo.

RIEPILOGO DEL CAPITOLO 15:

- SEGRETO n. 1: per ogni problema finanziario c'è sempre la giusta soluzione immobiliare.
- SEGRETO n. 2: anche se si è dottori, mai smettere di imparare per realizzare i propri sogni.
- SEGRETO n 3: i terreni possono essere un'altra ottima occasione che hai per guadagnare.
- SEGRETO n. 4: fai un salto presso il tuo Comune e scorgi il tuo "terreno".

CAPITOLO 16:
Gli immobili e l'ultima proposta di legge governativa

Restando in tema di costruzioni, farò un breve accenno all'ultimissima proposta di legge governativa – sulla quale hanno raggiunto l'accordo Governo e Regioni – che prevede una riforma temporanea dell'edilizia: si tratta dell'approvazione di quello che è stato chiamato "Piano casa" o "Piano famiglia".

In cosa consiste la riforma?

La riforma prevede che per un miglioramento della qualità architettonica e/o energetica, alcuni immobili residenziali uni/bifamiliari, e comunque di volumetria non superiore ai 1000 mc, potranno essere ampliati del 20%, rispetto ai volumi già esistenti. Facciamo subito un esempio. Prendiamo il caso di avere una villetta a schiera o singola, oppure un palazzetto inferiore ai 1000 mc: questo genere di edificato potrà essere aumentato di volume costruendovi una percentuale del 20% in più.

Quali sono le altre novità?

È prevista anche la possibilità di abbattere edifici vecchi e/o fatiscenti, ricostruendoli daccapo. In questi casi è previsto una sorta di "premio di ricostruzione" perché viene consentito ai costruttori un ampliamento dei volumi pari al 35% in più rispetto alla volumetria esistente. Ma per usufruire di questo incentivo sull'ampliamento i nuovi edifici devono essere ricostruiti secondo criteri di eco-compatibilità e di risparmio energetico.

L'altra novità in favore di chi vuole approfittare di questo particolare momento per ampliare ristrutturare o ricostruire è lo snellimento di tutta la parte burocratica, che viene molto semplificata rispetto a prima. Perché, al posto della richiesta del permesso a costruire con tutto quello che ciò comporta tra l'incartamento da presentare allo Sportello Unico per l'Edilizia e i successivi percorsi che i vari professionisti da noi incaricati (e. pagati) dovevano fare per ottenere visti e permessi ai fini dell'approvazione della pratica, è prevista solo una *certificazione di conformità* da parte dell'ingegnere e/o progettista dei lavori.

Cosa viene escluso dalla riforma?

È pacifico che non si potrà ampliare di alcun volume un palazzo in condominio. Inoltre, non si potrà ampliare alcun edificio, villa villetta o altro che si trovi nei centri storici e qualsiasi altra costruzione che sia soggetta ai vincoli ambientali e paesaggistici. Sono esclusi categoricamente da ogni beneficio gli immobili costruiti abusivamente.

Quando entra in vigore?

Questa misura legislativa coordinata tra Stato e Regioni nell'ambito delle rispettive competenze, è stata sottoscritta il 31 marzo 2009 e prevedeva che entro giorni il Governo avrebbe emanato il decreto concordato, e che entro novanta giorni dal decreto le Regioni avrebbero approvato delle proprie leggi per favorirne l'applicazione, nel rispetto di quanto stabilito dai propri Piani Regolatori. Al momento, causa il terremoto in Abruzzo e la priorità che gli è dovuta, la riforma è sospesa, ma certamente che si farà.

Questa riforma sarà valida per sempre?

No. Almeno questi sono i termini dell'accordo. Poiché è stata concordata tra Stato e Regioni per rilanciare l'economia e si prevede un giro di affari tra i 60 e i 70 miliardi di euro (che corrispondono a 4-5 punti del PIL tra il settore edilizio e tutto l'indotto che vi è collegato) per gli accordi presi dovrebbe avere validità in ogni Regione per non più di diciotto mesi. Ma in questo caso, trattandosi di tipo di legge che deve essere emanata in pochissimo tempo e poi disapplicata, il condizionale è d'obbligo sui limiti della sua durata.

Questa rivoluzione edilizia che guadagno ci porta?

Secondo stime CRESME, le villette e le case mono/bifamiliari sono in Italia 9,4 milioni. Aumentando i volumi del 20% in questi edifici, i proprietari possono creare nuove stanze, possono ampliare una piccola e angusta mansardina, possono ricavare una tavernetta, fare una veranda o possono sopraelevare. Se poi non è possibile l'ampliamento di quanto già esistente e contiguo, potranno fare un corpo di fabbrica separato prendendo spazio dal giardino.

Indubbiamente questo comporterà una spesa, ma anche un guadagno dovuto al solo fatto che un immobile più grande già di per sé vale di più sul mercato. Ma il guadagno può essere anche immediato, e analizziamo la modalità di questa evenienza.

Facciamo subito un esempio

Prendiamo il caso di due genitori in là con gli anni, che hanno un piccolo corpo di fabbrica di 120 mq e che hanno un figlio che vuol mettere su famiglia, ma non ha una casa e deve andare in affitto. Sfruttando la possibilità di ampliare il volume della casetta e aggiungendo quel poco in più, possono suddividere quella che era una sola abitazione in due unità familiari di 70 mq circa, dotando entrambe di un ingresso indipendente. In questo modo il figlio avrà il suo appartamento senza pagare l'affitto a estranei.

Se poi i genitori hanno qualche soldo da parte possono concorrere nel pagare le spese necessarie che sono servite per la ristrutturazione. E di solito, nella nostra società, sono proprio i genitori giovani o anziani che siano ad aiutare i figli.

Nel caso invece che di soldi non ce ne siano, prima di iniziare i lavori occorre farsi fare un preventivo, e recandosi in banca si chiederà un mutuo per la ristrutturazione. La somma che il figlio voleva dare a chi gli concedeva la casa in affitto servirà per pagare non la casa di altri ma *la sua casa.*

RIEPILOGO DEL CAPITOLO 16:

- SEGRETO n. 1: è di estrema importanza essere aggiornati su tutte le leggi che riguardano gli immobili.
- SEGRETO n. 2: la proposta governativa, come si vede, rappresenta una vera rivoluzione.

CAPITOLO 17:

Il mutuo incagliato e lo stralcio

Come abbiamo visto fino a ora esplorando il mondo degli immobili, le opportunità di arricchimento sono molteplici e soddisfano in pieno ogni aspettativa. Ma le possibilità di guadagno che questo mercato offre sono davvero illimitate, perché la proprietà di un appartamento, di un palazzo o di un terreno che ci possono interessare può stare nelle mani di chiunque. Allora andiamo ad avvicinarci a queste fonti diverse, tra le quali troviamo le *banche.*

Gli istituti di credito, come è noto, nel momento in cui elargiscono un mutuo provvedono a iscrivere sul bene offerto a garanzia un'ipoteca. E chiaramente, tra i vari beni offerti in garanzia, le banche preferiscono di gran lunga gli immobili. Pertanto l'ipoteca andrà a colpire lo stesso bene per il quale si chiede il mutuo oppure, se il debitore ha altre proprietà, cadrà su queste ultime.

Per difficoltà finanziarie o di qualsiasi altra natura può accadere che l'acquirente che ha avuto i beni ipotecati non possa o non voglia più pagare le rate del prestito bancario. Pensiamo, ad esempio, a una coppia di coniugi che ha acquistato quello che credeva un nido d'amore, e questo amore si è trasformato pian piano in litigi urla e malumori… È evidente che dopo qualche tempo i coniugi a tutto pensano tranne che a pagare il debito contratto. Anzi, questo diventerà un ulteriore motivo di lite per decidere chi si terrà il bene in caso di separazione.

Tra i tre coinvolti nella faccenda, ossia i coniugi e la banca, chi ci rimetterà secondo te?

Ci rimetterà la banca, che essendo all'oscuro di quello che sta accadendo "nel nido d'amore" aspetta e spera invano che qualcuno si ricordi di rimborsarle i tanti soldini che ha prestato. E questo fino a quando se ne farà una ragione, e procederà alle necessarie azioni legali.

Ma le banche perché non comprano i beni ipotecati?

Tutti sappiamo che le banche sono proprietarie di immobili prestigiosi, dove tengono le sedi dei propri uffici e delle rappresentanze. Di conseguenza, non hanno alcuna necessità e tantomeno interesse a rilevare i crediti in sofferenza: il loro principale interesse consiste nel riavere indietro il denaro. Quindi, in presenza di un mutuo cosiddetto *incagliato,* fare affari con le banche diventa un'ottima soluzione per investire.

In che modo?

Acquistando da loro l'immobile sul quale c'è un mutuo incagliato, ossia bloccato nei pagamenti, per cui il credito della banca è in sofferenza. Esaminiamo allora i tempi tecnici necessari per poter contattare la banca.

Dopo quando tempo il mutuo è considerato incagliato?

Per la banca creditrice, sono sufficienti sei mesi di rate non pagate per definire il mutuo come un *credito in sofferenza.* Questa valutazione da parte del creditore comporta tre step successivi e molto ravvicinati tra di loro. Il **primo step** consiste nell'affidare la pratica all'ufficio legale per procedere al *pignoramento dell'immobile.*

In questo periodo il debitore che ha il mutuo incagliato può sempre trovare un accordo con la banca e il giudice per *un rientro del debito scaduto* e per *convertire* il pignoramento: questo è il **secondo step**. Tale possibilità è prevista ai sensi dell'art. 495, primo comma del Codice di Procedura Civile, che dispone la conversione, ossia la sostituzione del bene pignorato con il deposito di una somma che comprenderà il capitale non pagato, gli interessi maturati e le spese del procedimento.

Se in questo lasso di tempo non avviene alcun accordo tra debitore e creditore, o a tale forma di accordo si viene meno, **l'ultimo step** prevede che *l'immobile sia messo all'asta.*

Come si fa a sapere se è possibile lo stralcio?

Teniamo ben presente che gli immobili che le banche devono ancora mettere all'asta e che andranno sul mercato non vengono in alcun modo pubblicizzati prima, e questo per diversi motivi. Uno tra tutti è il rispetto del diritto alla privacy del debitore, che potrebbe – come abbiamo visto sopra nel secondo step – risolvere i suoi momentanei problemi economici con la banca evitando in tal modo che gli estranei all'eventuale procedura esecutiva in atto nei suoi confronti vengano a conoscenza "dei fatti suoi" (come si suol dire). È anche vero però che le notizie che nessuno dovrebbe sapere, chissà perché, trapelano comunque, magari tramite qualche conoscenza…

Che fare in questo caso?

Regola prima: avere pazienza e saper attendere un po'. Se ci è stato riferito che il debitore sta tentando di risolvere il proprio mutuo incagliato proponendo una soluzione di pagamento alla banca creditrice, prima o poi avremo la certezza che l'ha definita e mantenuta. Oppure sapremo, sempre tramite il nostro referente, che il debitore è venuto meno agli impegni presi e che la procedura nei suoi confronti continua.

Quale procedura?

C'è un pignoramento immobiliare che è stato fatto, e troveremo il fascicolo del creditore procedente, per l'appunto la banca, nella

Cancelleria del Tribunale. Andremo a esaminare gli atti con l'aiuto di un legale esperto che ci notizierà a quanto ammonta il debito, e se c'è convenienza ad acquistare quell'immobile prima che sia messo in vendita. Il legale però ci darà anche un'altra notizia non meno importante: il nome e l'indirizzo del debitore.
REGOLA D'ORO: l'acquisto a stralcio può presentare notevoli difficoltà sotto l'aspetto tecnico-legale, oltre che insidie nascoste. Pertanto consiglio caldamente di non muovere un passo senza portarsi dietro un legale, o almeno un amico commercialista: con il loro aiuto si può fare veramente un affare.

Come si valuta se l'acquisto a stralcio è conveniente?
Innanzitutto dall'importo del debito da saldare. Che certamente avrà la sua consistenza, ma non deve essere troppa, perché se i debiti superano il valore dell'immobile non ci resta nessun margine di guadagno.

Ma nel caso che stiamo analizzando si tratta di uno stralcio che potremo definire *semplice* perché abbiamo un solo creditore, e anche se se ne aggiungesse qualcun altro, ad esempio il condominio per gli oneri non pagati, comunque potremmo ancora considerarlo un acquisto interessante e possibile.

Perché è importante il debito da saldare?

Lo chiarisco subito. L'acquisto a stralcio deve essere appetibile per tutte le parti coinvolte, che nel caso in esame sono tre: la banca, il debitore e noi. Se la banca vanta tra capitale e spese 50.000 euro e l'immobile dovesse andare all'asta per 120.000 euro, noi dovremo pagare in contanti o con un "finanziamento soldi in mano" questa somma. Tale somma sarà ripartita tra la banca a saldo del suo avere, e la restante parte va al debitore. Comunque, in fase di trattativa è possibile limarla ancora un po'. Una volta accertato che l'affare è interessante possiamo passare alla fase successiva, che prevede un contatto con il debitore e con la banca.

Come contattare il debitore?

È più facile a dirsi che a farsi, ma avendo l'aiuto del nostro amico esperto che sarà un avvocato o un commercialista, daremo a lui tutto il piacere di prendere contatti.

Come farà a convincere il debitore?

Il nostro esperto gli farà presente che ha interesse a risolvergli il problema che ha con la banca e soprattutto che non gli chiederà un euro per l'aiuto che gli offre. Gli dirà, inoltre, che ha già una persona molto interessata all'acquisto e che, evitando la vendita all'asta, lui potrebbe intascare di più. Tutto questo avverrà solo se gli permette di trattare con la banca per bloccare tutto, in modo da poter contenere interessi costi e spese.

Ma il debitore realmente ci guadagna?

Sì. In effetti, il debitore potrebbe ricavarne un vantaggio notevole sotto tutti gli aspetti, se soltanto sapesse usare meglio questa chance che gli consente di girare in suo favore anche una situazione così coinvolgente, ma estremamente stressante come la perdita di una casa.

E se il debitore accetta?

Contatteremo urgentemente lo studio del legale che deve

procedere all'esproprio, visto che ne sappiamo il nominativo in quanto risultava nel fascicolo del pignoramento. Poi ci recheremo da lui insieme al nostro avvocato. Di solito, è lo stesso settore legale della banca che provvede alla procedura di pignoramento, ma le banche possono dare incarichi anche a legali esterni che hanno un proprio ufficio.

Quindi, per evitare di girare a vuoto, è fondamentale attingere dal fascicolo ogni notizia utile e certa. Nell'ufficio del legale della banca faremo la nostra proposta "a saldo e stralcio", e andremo a illustrare principalmente in che modo sarà saldato il debito che vanta la banca, e contestualmente provvederemo a limare quando più è possibile la somma che il debitore deve, tagliando soprattutto sugli interessi.

E in accordo con il professionista, si limeranno anche le sue spese legali. In questo modo, accordandoci con il legale e con la banca, per una somma inferiore concluderemo con il relativo contratto in nostro favore, che per l'ulteriore risparmio ottenuto possiamo definire un acquisto fatto *con stralcio dello stralcio*.

Anche per quel che riguarda lo stralcio, se vuoi approfondire l'argomento trovi ogni notizia utile nel dvd *Stralcio, Mutui e Leasing*. Dopo un acquisto a stralcio gli affari nel settore sembrano finiti, ma non è così. Vediamo dove si può ancora cercare.

Dove puoi trovare altri immobili?

Altri soggetti da non trascurare assolutamente sono i *privati cittadini*. Difatti, molte persone che non amano tenere i soldi in banca perché fruttano poco, metodicamente, appena hanno un soldo da parte, investono in modo differenziato in immobili. Pertanto vanno ad acquistare due o più appartamenti, garage, cantine e persino posti auto all'aperto. Tutto *su progetto*: ossia, comprano sulla carta. E vado subito a chiarirti meglio il concetto.

Per elevare un palazzo dalle fondamenta in su occorre presentare un progetto, rimpicciolito su scala, di come sarà costruito e quindi dell'aspetto definitivo che avrà a lavori ultimati. Ed è sulla fiducia che quel disegno diventi in seguito un prodotto finito che molti risparmiatori investono.

Perché? Per fare un doppio affare. Con questo metodo i loro risparmi sono al riparo dall'inflazione perché garantiti dal valore di un immobile. Nello stesso tempo, poiché vanno a impegnarsi con una costruzione *in itinere* e non *in facere*, quindi di là da venire, risparmiano tra il 20 e il 30%, se non di più, rispetto al prezzo del prodotto finito. Restando in tema, e tenendo presente l'*acquisto su progetto*, ne possono scaturire ulteriori e vantaggiosi affari immobiliari.
Infatti può succedere anche che il privato che aveva investito tutto allo scopo di raddoppiare o moltiplicare il proprio capitale iniziale, si trovi a corto di liquidi per un motivo qualsiasi. In questo caso specifico, e per realizzare soldi subito, deciderà di vendere a prezzo di realizzo uno tra i beni che aveva acquistato.

Chi si avvantaggerà di un bene immesso sulla piazza a prezzo di svendita?

Potresti essere anche tu. Proprio perché sei in cerca di un buon guadagno, per le conoscenze che hai acquisito sai che nel momento in cui acquisti a basso costo il tuo denaro si sta già rivalutando. Figuriamoci quanto ti renderà l'investimento nel medio e lungo termine, con l'incremento del valore di mercato dell'immobile!

Dove è possibile trovare questi autentici tesori?

Su ogni quotidiano locale, sulle riviste specializzate, sulle pubblicazioni che si trovano a pochi euro presso ogni edicola, come *Passaparola*, *Porta Portese*, *Attico*, oppure sugli annunci delle agenzie immobiliari.

Perché molte persone, per risparmiare l'intervento del notaio da subito, incaricano queste agenzie che procederanno a fare le visure sull'immobile e a presentare il cliente solvibile e interessato all'acquisto. Comunque, su ogni e qualsiasi foglio di carta stampata che tratta di immobili, o sui siti internet, dove non c'è neanche bisogno di avere il nome dell'agenzia che vuoi cercare, è sufficiente digitare "agenzie immobiliari... Roma", o "... Caserta", o "... Milano" ecc.

Una volta che ci siamo lanciati nel settore, e abbiamo toccato con mano le numerose possibilità di arricchimento (poiché ci sono e rappresentano delle realtà concrete, e non sogni ad occhi aperti) occorre avere ancora un minimo di altre conoscenze tecniche per evitare rischi inutili. Di questo e altro andrò a trattare nei prossimi Capitoli.

RIEPILOGO DEL CAPITOLO 17:

- SEGRETO n. 1: il mondo immobiliare offre sempre moltissime opportunità per guadagnare.
- SEGRETO n. 2: puoi acquistare anche a un prezzo molto conveniente un immobile con quello che viene definito un *mutuo incagliato*.
- SEGRETO n. 3: le banche saranno ben liete di trattare per l'immobile con te.
- SEGRETO n. 4: puoi acquistare un immobile anche *su progetto* e risparmiare molto.
- SEGRETO n. 5: ricorda che l'affare si effettua quando si compra.
- SEGRETO n. 6: anche sulle riviste di settore esistono moltissime opportunità.
- SEGRETO n. 7: capita più spesso di quanto si creda che alcuni privati svendano per vari motivi i propri immobili.
- SEGRETO n. 8: una volta avuta la giusta esperienza sarà per te molto facile individuare affari che oggi sembrano invisibili.

CAPITOLO 18:
Consigli per l'acquisto

Poiché il testo tratta di immobili, è necessario evidenziare alcuni concetti che possono essere utili per tutti. Le motivazioni per cui si ha bisogno di una casa possono essere le più svariate, e i motivi per cui si decide di comprare un immobile residenziale si possono raggruppare, in ordine di importanza, in tre categorie:

1. utilizzo diretto dell'abitazione, la cosiddetta *prima casa*;
2. utilizzo diretto dell'abitazione turistica, la cosiddetta *seconda casa*;
3. la casa da investimento.

Questa graduatoria non deve far dimenticare che anche quando la molla principale non è l'investimento, il motivo è pur sempre economico. *Chi compra lo fa sempre per salvaguardare i propri risparmi*. Per questo gli immobili hanno una parte tanto importante nella ricchezza delle famiglie italiane.

La prima casa

Come ben sappiamo, è l'abitazione principale dove la famiglia vive e fissa la propria residenza. È normalmente l'acquisto più importante e raramente in questi casi l'esigenza nasce da una motivazione prettamente economica, ma risponde di più a esigenze relative alla sicurezza, alla comodità, al prestigio. In definitiva, quindi, alla qualità della vita.

È evidente però che questa necessità di avere un tetto sicuro sopra la testa implica una realtà più complessa: la sicurezza di un ottimo investimento. Perché fino a ora l'investimento in mattoni, anche per uso esclusivamente personale, a media e lunga scadenza non ha mai tradito alcuno in Italia, dal dopoguerra ad oggi. Anzi, la ricchezza delle famiglie italiane si è creata e consolidata proprio puntando sul mattone, quando l'inflazione galoppava a più non posso. In ogni caso, adesso sai che con gli immobili si può guadagnare molto di più che non comprandoli per tenerli *immobili*.

La domanda di abitazioni principali, ossia della prima casa, è molto sentita ed è divisa in tre parti. Da una parte c'è chi ha bisogno di una casa – sono le famiglie nascenti, quelle di nuova formazione e i single – e dall'altra c'è chi vive in affitto ed è stanco di pagare canoni. D'altra parte ancora, c'è la richiesta di chi vuole migliorare il proprio status abitativo e possiede i mezzi per acquistare. Ricapitoliamo:

- quando si è in cerca di una casa per uso proprio occorre affidarsi a esperti, tra i quali gli agenti immobiliari;
- è necessario valutare bene la zona in cui cercare;
- è necessario definire il tipo di stabile in cui si vuole abitare;
- è necessario definire il budget di spesa in contanti;
- è necessario definire il budget di spesa per un eventuale mutuo.

La seconda casa

Può essere al mare, in montagna, al lago, in campagna, nelle città d'arte. Anche in luoghi senza un grande fascino in apparenza, ma che hanno il pregio di essere vicino alle città e consentono di staccare, in poco tempo, dal tran tran quotidiano. Anche in questo caso si fa una scelta di vita più che di investimento, perché raramente le abitazioni secondarie producono reddito; anzi, spesso e volentieri per il limitato uso che se ne fa possono rappresentare un onere non indifferente. Meglio sarebbe quindi trovarla in affitto, evitando di immobilizzare il capitale.

La casa da investimento

Può essere un immobile in città o un immobile turistico; il suo acquisto può essere motivato al 100% da volontà di guadagno o coesistere con altre motivazioni. L'acquisto per puro investimento (si compra un immobile per ricavarne mensilmente un reddito e/o per lucrare nel tempo la rivalutazione o capital gain) ha tutt'oggi una grande importanza perché il mattone è moneta solida.

Riflettiamo un po' sugli acquisti fatti da genitori che pensano alle necessità abitative dei figli. L'acquisto inizialmente è un investimento per un primo periodo, neppure tanto breve (che può essere di cinque, dieci o quindici) per poi trasformarsi nell'abitazione principale del figlio. Ma può nascere anche solo come investimento e diventare un cashflow per lo stesso genitore.

I grandi temi di attualità oggi sono proprio i fondi pensione, la previdenza integrativa, la mancanza del TFR o Trattamento di Fine Rapporto lavorativo: tutti temi che hanno creato un allarme sociale a livello economico da quando è diventato chiaro che le pensioni pubbliche non potranno mai offrire in futuro, un trattamento di anzianità decoroso.

In effetti, non c'è niente di nuovo sotto il sole per quanto riguarda l'investimento immobiliare, perché per decenni chi poteva permetterselo ed era lungimirante si è garantito una pensione integrativa e ha tutelato il futuro dei figli investendo i risparmi nell'acquisto di uno o più appartamenti: il reddito degli affitti sarebbe servito da pensione, mentre il capitale rappresentato dagli immobili sarebbe stata una garanzia in più per sé e per gli eredi.

La nuda proprietà

Negli anni Ottanta del secolo scorso si era molto diffuso in Italia il sistema dell'acquisto di abitazione in nuda proprietà, lasciando al possessore originario l'usufrutto. Oggi l'interesse per questa forma di transazione immobiliare è minore. La distinzione tra titolo di proprietà di una cosa e diritto al suo uso era già del diritto romano. Analizziamo quindi in cosa ciò consiste e perché alcuni investono in questo tipo di operazione, che personalmente non reputo molto allettante tranne le dovute eccezioni.

Sostanzialmente, chi compra lascia in cambio di un notevole sconto sul prezzo di acquisto l'immobile nella disponibilità del venditore per un certo numero di anni, oppure, ed è il caso più frequente, glielo lascia vita natural durante.

Il pagamento di un immobile in nuda proprietà e quindi gravato da usufrutto, può consistere, in sostituzione del versamento di contanti, nel riconoscere e quindi costituire in favore del venditore, una rendita vitalizia.

Allo scadere dell'usufrutto l'immobile passa nella completa disponibilità di chi lo ha acquistato, che realizza in quel momento un capital gain duplice. Il primo è quello intrinseco del bene, che si rivaluta in maniera immediata quando è immesso sul mercato: acquista immediatamente più valore proprio perché è diventato libero; e di certo c'è una grande differenza di prezzo tra l'acquisto di un immobile libero per farne ciò che più ti aggrada e uno occupato dall'inquilino o dall'usufruttuario. Il secondo è rappresentato dalla consistente riduzione del prezzo con il quale all'epoca era stato comprato, o dall'averlo pagato a rate con costituzione della rendita vitalizia. Ma come si dividono le spese per la nuda proprietà?

Le spese

Sono suddivise come nei contratti di locazione. Al nudo proprietario tocca la manutenzione straordinaria, con il diritto di avere dall'usufruttuario un indennizzo annuo pari all'interesse legale (attualmente il 2,5%) sui costi sostenuti. All'usufruttuario toccano le spese ordinarie. Le spese fiscali, IRPEF e ICI, invece sono sempre a carico dell'usufruttuario.

L'acquisto della nuda proprietà presenta un notevole vantaggio fiscale: si paga solo una percentuale dell'imposta di registro.

Questa percentuale dipende dall'età di chi mantiene l'usufrutto: più questi è giovane, più è alta la percentuale di valore che il fisco riconosce all'usufrutto. Se, ad esempio, il venditore ha 65 anni, per il fisco l'usufrutto vale il 50% dell'intero possesso, e quindi è come se l'acquirente stesse comprando solo il 50% dell'immobile, pagando le relative imposte di conseguenza.

Qualche consiglio in più:

- valuta attentamente quale uso devi fare dell'immobile;
- poniti un obiettivo temporale a media/lunga scadenza;
- compra una casa già locata, se non hai bisogno dell'immobile;
- non comprare un'altra casa contando di vendere prima la tua senza fare il calcolo dei tempi tecnici necessari.

RIEPILOGO DEL CAPITOLO18:

- SEGRETO n. 1: questo è molto spesso il modo di vedere gli immobili che ha la maggior parte delle persone.
- SEGRETO n. 2: bisogna conoscerlo per comprendere il modo di pensare delle persone che incontreremo durante le trattative immobiliari.
- SEGRETO n. 3: esiste anche la nuda proprietà; compri ora le mura, ne potrai usufruire solo in seguito.

CAPITOLO 19:
Evitiamo i rischi e ristrutturiamo utilizzando gli aiuti statali

Gli immobili, anche i più belli a vedersi, possono nascondere dei vizi palesi, oppure occulti. Quindi, per quelli visibili a occhio nudo i problemi che si presentano possono essere di facile soluzione. Ma per quelli occulti occorre necessariamente che tu sia in compagnia di un esperto, o almeno di un tuo amico geometra.

La location

Prima di acquistare un immobile per metterlo a reddito occorre innanzitutto vedere dove è ubicato. Perché un condominio rumoroso o un quartiere eccessivamente popolato e mal servito possono non essere ben piazzabili sul mercato. Conviene quindi, per prima cosa, fare una visita in zona, anche detta *sopralluogo*.

Una volta che hai individuato la location e verificato che possa andare, la fase successiva consiste nell'esaminare con l'esperto, gli eventuali problemi che può presentare il bene che vuoi comprare. Trovarti sul posto ti permette di vedere con i tuoi occhi lo stato di conservazione dell'immobile. In questo modo, tutto quello che riesci a vedere e su cui hai dei dubbi può essere motivo di chiarimenti da parte del costruttore o del proprietario. Ad esempio: un muro divisorio tra due stanze che presenta una macchia di umido può occultare una banale condensa, oppure una perdita costante d'acqua poiché le tubature perdono. *Ecco a cosa serve acquistare con l'esperto.*

Ma non è tutto qui. Poniamo il caso che stai facendo un pensierino su un appartamento bellissimo situato in un centro storico: i vizi non visibili qui, possono diventare veramente impegnativi da risolvere, ma solo dopo che si fanno… scoprire. Trattandosi di immobili splendidi, ma per forza di cose un po' datati, è del tutto naturale che i magnifici soffitti a cassettoni che sembrano in buono stato siano invece fradici. Oppure che sia da rifare completamente l'impianto idraulico, perché le vecchie condotte non sono state create per dare l'acqua calda o fredda.

Ma anche un appartamento moderno può dare sorprese, anche se non dello stesso genere. Può accadere, per esempio, che il palazzo sia servito da un portiere, al quale spettano l'alloggio, il versamento dei contributi e la buonuscita se decide di andar via prima del tempo. Di certo, gli oneri condominiali, non sono pochi spiccioli al mese. Altri eventuali rischi potrebbero consistere in "fastidi " come, ad esempio, una servitù di passaggio che insiste tra due proprietà e che si dava per estinta mentre invece è viva e vegeta.

REGOLA D'ORO: chiaramente tutto è di facile soluzione per chi è a conoscenza di tutti i rischi legati all'acquisto o alla vendita. Proprio per evitarli e per non avere brutte sorprese consiglio sempre di iniziare gradualmente, istruendosi a dovere e ricordando tutte le soluzioni pratiche prospettate. E, quando è possibile, di iniziare sempre sotto la guida di un esperto che abbia più esperienza. Questo anche perché, molto spesso, quelli che possono sembrare a prima vista problemi, possono invece per l'esperto rivelarsi un ottimo sistema per

negoziare sul prezzo, e addirittura possono farti incrementare il valore dell'immobile una volta acquistato, mettendo in cantiere una ristrutturazione utilizzando gli aiuti che lo Stato mette a disposizione. Ogni eventuale problema che si può presentare deve essere sempre valutato insieme a chi ne sa più di noi. E se l'acquisto è importante, prima di impegnarsi è bene avere il parere di un team di professionisti specializzati ognuno nel proprio settore, per guadagnare quanto più è possibile.

Andiamo a vedere immediatamente a cosa mi riferisco,e perché è importante applicare questa Regola d'oro.

Come si fa una ristrutturazione approfittando degli aiuti statali?

Sicuramente molti sanno che esistono aiuti economici da parte dello Stato, che si concretizzano in uno sgravio fiscale, ossia *si scaricano* da quelle che genericamente chiamiamo *tasse* alcune delle spese che sosteniamo, tra le quali vanno incluse le spese che anticipa chi decide di sottoporre a una ristrutturazione parziale o totale la propria abitazione.

Ti interesserà quindi sapere che la Finanziaria 2008 ha prorogato fino al 31 dicembre 2010 la detrazione fiscale del 36% per le opere di recupero del patrimonio edilizio, e ha reintrodotto la detrazione d'imposta sull'acquisto di immobili "ristrutturati da un' impresa", cosa che per tutto il 2007 era sparita in quanto non prorogata. La Finanziaria 2009 poi ha introdotto nuove agevolazioni attinenti la casa – che vedremo in seguito – e ha prorogato ancora fino al 2011 la detrazione del 36% per le ristrutturazioni.

I lavori per i quali spetta la detrazione indicata sopra sono quelli elencati nell'art. 3 del Testo Unico dell'Edilizia introdotto col Dpr 380/2001. Andiamo a vedere meglio cosa dice il testo ed estrapoliamo solo i lavori che ci interessano per le detrazioni, che sono:

1. interventi di manutenzione straordinaria;
2. opere di restauro e risanamento conservativo;
3. lavori di ristrutturazione edilizia per i singoli appartamenti.

Cos'è la manutenzione straordinaria

Per *manutenzione straordinaria* si intendono quegli interventi o modifiche necessarie per rinnovare e sostituire parti anche strutturali dell'appartamento, per esempio fare un bagno in più, fare una scala interna che porta alla mansarda, sostituire i vecchi infissi con quelli a tenuta termica, o interventi finalizzati al risparmio energetico ecc.

Cos'è il restauro e il risanamento conservativo?

Rientrano in queste categorie tutti i lavori che servono a conservare l'immobile in buono stato e ad assicurarne la piena funzionalità. Ad esempio: aprire finestre che non c'erano per dare aria e luce a una stanza, adeguare l'altezza di un solaio che ci costringe a camminare carponi, opere che comunque siano necessarie per eliminare o prevenire ogni situazione di degrado abitativo.

Cos'è la ristrutturazione?

Il Testo Unico dell'Edilizia oltre a prevedere il tipico intervento di ristrutturazione, cioè quello che trasforma completamente il corpo di fabbrica mediante un insieme di opere che ne fanno in tutto o in parte una costruzione diversa dalla precedente (quindi una demolizione e ricostruzione), fa riferimento anche ad altre tipologie, come ad esempio la realizzazione di una mansarda, la trasformazione di un balcone in veranda, l'apertura di nuove porte e finestre, la realizzazione di un balcone ecc.

Queste opere, eseguite nel rispetto delle norme e di quanto è stabilito nel Piano Regolatore del Comune di appartenenza, sono oggetto di detrazione. Quindi tutte le spese che affrontiamo per questi lavori si possono scaricare dalle tasse nella misura indicata; altre finanche in percentuale superiore. Vediamo quali sono.

Cos'è la ristrutturazione bio?

Da anni si parla e si discute molto di *ambiente* e si sta tentando il più possibile di contenere l'inquinamento con la riduzione delle emissioni di anidride carbonica nell'atmosfera, nonché di abituare tutti noi al rispetto di questo mondo meraviglioso di cui facciamo parte, perché tutelando l'ambiente tuteliamo noi stessi.

Anche la casa in cui viviamo deve garantirci un ambiente sicuro che sia compatibile col nostro diritto alla salute e al benessere psicofisico. Tant'è che la Finanziaria 2008 ha stabilito per il 2009 per le imprese costruttrici che il rilascio del permesso a costruire sia subordinato all'installazione di impianti per l'energia elettrica da fonti rinnovabili e di impianti per il risparmio idrico.

E per i "privati bio"?

Chi ristruttura avvalendosi delle biotecnologie, ossia sostituisce il vecchio impianto di climatizzazione invernale con uno a pompe di calore ad alta efficienza, oppure sostituisce la vecchia caldaia con una a condensazione o, ancora, installa pannelli fotovoltaici per avere energia porterà in detrazione il 55% delle spese sostenute.

Può scaricare queste spese dalla dichiarazione annuale, nell'arco di tre o dieci anni a sua scelta. In proposito, poiché le spese di ristrutturazione a parziale carico dello Stato, sono previste per tante altre biotecnologie applicate, allo scopo anche di meglio comprendere in cosa consistono consiglio caldamente a tutti di scaricare gli opuscoli sull'argomento messi a disposizione sul sito dell'ENEA, l'Ente per le Nuove Tecnologie, l'Energia e l'Ambiente.

Secondo voi è tutto qui?

Certo che no. Fanno parte della ristrutturazione e sono ammessi al beneficio della detrazione al 36%:

1. il contenimento dell'inquinamento acustico;
2. il conseguimento di risparmi energetici;
3. l'esecuzione di opere interne;
4. l'installazione di robotica e strumenti di comunicazione e tecnologia avanzata per favorire la mobilità interna ed esterna per i portatori di handicap;
5. il rafforzamento, la sostituzione o l'installazione di cancellate o recinzioni murarie;
6. l'apposizione di grate sulle finestre o porte blindate rinforzate;
7. tapparelle metalliche con bloccaggi;

8. vetri antisfondamento;
9. finanche l'installazione della cassaforte a muro.

E ancora tanto, ma tanto altro. Consiglio a chiunque sia interessato non soltanto a ristrutturare ma anche solo a comprarsi un frigorifero (poi spiego il perché) di collegarsi al sito www.agenziaentrate.gov.it per scaricare: la guida alle agevolazioni fiscali per le ristrutturazioni edilizie.

Cosa c'entra il frigorifero?

Il discorso è strettamente connesso a tutto quanto ho riportato sopra in materia di ristrutturazione. Il Decreto Legge n. 5 del 10/2/2009 ha stabilito che fino al 31 dicembre di quest'anno, chiunque vuole ristrutturare e ne fa comunicazione con l'avvio della pratica usufruendo della detrazione del 36% come previsto anche dall'art. 1 L.n. 449/97, oltre a questa, beneficerà dell'ulteriore detrazione del 20%, fino a una spesa di massimo 10.000 euro, da scaricare in cinque anni (quindi 2000 euro all'anno) per l'acquisto di mobili, computer, televisori, frigoriferi ed elettrodomestici ad alta efficienza energetica, che serviranno all'arredo dell'immobile ristrutturato.

REGOLA D'ORO: le conoscenze sono il miglior modo per guadagnare, guadagnare e guadagnare.

Per il tuo guadagno devi evitare ogni rischio *prima* e non *dopo*: chiedendo l'aiuto di un esperto ne trai vantaggio ed eviti di sbagliare. A tal riguardo ti consiglio di approfondire l'argomento con il dvd *La Fiscalità degli Immobili*.

Nel prossimo argomento che andrò a trattare vedrai messa in atto la regola aurea che ormai ti appartiene: *usa il denaro di terzi non il tuo***.** Ma chi saranno mai questi "terzi"?

RIEPILOGO DEL CAPITOLO 19:

- SEGRETO n. 1: come ogni settore, anche quello degli immobili può presentare dei rischi facilmente visibili o altri poco riconoscibili per chi è inesperto.
- SEGRETO n. 2: evita ogni rischio *prima* e non *dopo*.
- SEGRETO n. 3: chiedi l'aiuto di un esperto: geometra o l'ingegnere, e soprattutto del commercialista, per poter usufruire al meglio delle leggi e delle disposizioni statali in materia immobiliare. Ne trai vantaggio ed eviti di sbagliare.
- SEGRETO n. 4: molto spesso quelli che possono sembrare a prima vista problemi, possono invece rivelarsi un ottimo sistema per negoziare sul prezzo, e addirittura essere utilizzati per incrementare il valore dell'immobile.

CAPITOLO 20:
Il Real Estate Finance: come finanziarsi

Finalmente, dopo che hai vagliato i pro e i contro e hai effettuato un sopralluogo, hai deciso di acquistare l'immobile che ti piace, oppure vuoi partecipare a un'asta. Sai che è un investimento importante e che può cambiarti la vita in meglio. Ti può mancare però solo un piccolo dettaglio, dopo di che puoi agire: **potresti non avere il denaro**. In questo caso la prima regola da tener presente, e che ho ripetuto più volte nei precedenti Capitoli, è quella di usare il denaro di terzi. Tra questi, i primi da contattare per il finanziamento del tuo affare immobiliare sono le banche. E il motivo è presto detto.

Per prima cosa le banche, anche se può apparire strano, mai come adesso hanno la necessità di venirti incontro e di avere clienti che rimborsano puntualmente le rate di ammortamento del prestito. Il motivo principe, come ben sappiamo, è il particolare momento storico-economico che esse attraversano a causa dello scombussolamento dei mercati. Tant'è vero che da qualche tempo assistiamo a un'incredibile sponsorizzazione delle stesse sui i siti web, sui giornali e alla tv, dove ogni banca si propone come la tua *banca amica* per la percentuale di interesse che mensilmente ti accredita sul conto; una *banca è differente* per evidenziare la sua disponibilità a venire incontro ad ogni necessità del cliente; oppure come la *banca che ruota intorno a te* perché esiste per esaudire ogni tua richiesta.

Il fatto è così tangibile che a un acuto osservatore non può essere sfuggito, e certamente l'osservatore avrà notato pure che, dopo tanti anni di latitanza, finalmente è riapparso il desaparecido "interesse bancario sulle somme a deposito." Cosa questa che ha reso più felici milioni di correntisti.

Ma per accertare con i tuoi occhi quando è diventato più trasparente e accessibile per tutti il mondo bancario digita http://www.italia.ms/banche.html e troverai nei link di ognuna di tutto e di più, comprendendo così ancor meglio quello che ho detto. Ossia che le banche sono sempre più disponibili e orientate nei confronti dei piccoli e medi investitori e/o risparmiatori. Allo scopo ti evidenzio una delle loro offerte: la *garanzia affitto*, un servizio molto interessante laddove l'istituto di credito si sostituisce all'affittuario per garantire nei confronti del proprietario il deposito cauzionale, dunque le pigioni che chi affitta deve versare.

E secondo te: chi è che non può pagare un deposito cauzionale per locare un immobile? Rockefeller e Donald Trump? Allora cosa aspettiamo? Andiamo a battere il ferro finché è caldo e diamoci da fare per chiedere alla banca una parte dei soldi a prestito o tutto il mutuo, visto che oggi la transazione commerciale è favorevole per entrambi. Rispetto agli anni precedenti attualmente le banche concedono un prestito a tassi estremamente vantaggiosi. L'importante è avere le carte in regola per ottenerlo.

Quali sono le carte in regola?

Le carte in regola per farsi amiche le banche

Gli istituti di credito a chi danno facilmente i soldi? Di solito a chi li ha già. Ricordati del fido o scoperto bancario che hanno elargito al mio amico Giovanni, solo perché era un professionista e aveva una consistente busta paga di 5000 euro al mese.

Pensa ai ricchi imprenditori che, come vedremo più in avanti, hanno un accesso al credito in via privilegiata sia per i sostanziosi "gruzzoloni" che depositano in conto quali proventi da cashflow e redditi da lavoro, che per la consistenza del loro patrimonio immobiliare costituito da case, aziende e stabilimenti. Ma ricordati pure di quello che è accaduto a Marco e Laura, che avevano solo un preliminare. E tieni presente quello che ho evidenziato: *questo è un periodo d'oro per trattare con le banche ed ottenere denaro.*

Quindi sai che le banche, nel momento in cui sentono la magica parola *casa* diventano improvvisamente generose e concedono facilmente il prestito. Perché è il tuo stesso investimento che offri a garanzia del mutuo, ma è l'istituto di credito che ti permetterà con il suo denaro di realizzare il tuo progetto. Allora coraggio! Sei sulla strada giusta per diventare un ricco!

Andiamo a vedere come fare

Se ti trovi in difficoltà perché la tua busta paga non garantisce al 100% il pagamento della rata mensile del mutuo, pensa anche a un altro genere di supporto economico: la **fideiussione**, ora che sai cos'è e come puoi usarla. In questo caso specifico un parente, un amico, o chiunque voglia entrare in affari con te garantirà ulteriormente la banca sulla puntualità dei pagamenti e quindi del rientro del mutuo accordato.

La banca vorrà degli interessi. Come trattare?

Gli interessi a tasso fisso

L'istituto di credito nel concedere il mutuo applica il tasso di interesse che hai concordato. Il tasso rappresenta la percentuale di denaro che spetta alla banca quale guadagno sul denaro che anticipa. Questa percentuale che hai concordato con la banca può essere *fissa* o *variabile*. Quindi avrai un *mutuo a tasso fisso* (che consiglio sempre) se decidi di avere un'uscita mensile che resti immutata nel tempo e che non dia sorprese.

Con il *piano di ammortamento* che ti farai fare dalla banca avrai i *conteggi* con l'ammontare complessivo del debito, la durata del pagamento, la cadenza e l'importo della rata; tutto l'insieme ti darà un prospetto definitivo di come *ammortare il debito contratto*.

Pensa ad esempio, a una rata di 650 euro al mese. Oggi potrebbe sembrare leggermente alta, ma già tra qualche anno non sarà più tale. Figurati tra dieci o venti anni. Inoltre, poiché stai facendo un investimento per guadagnare e non un semplice acquisto per uso proprio, la rata del mutuo inizialmente la sottoscriverai tu, ma dopo saranno gli acquirenti a pagarla.

Gli interessi indicizzati

Il *mutuo a tasso variabile o indicizzato*, invece, può rappresentare attualmente un'opzione più rischiosa, soprattutto per l'acquirente:

avere una rata che varia secondo gli indici stabiliti ogni tre o sei mesi sui mercati finanziari può creare qualche problema.

Prendiamo lo stesso esempio fatto poco fa: la rata di 650 euro mensili potrebbe per un po' di tempo ridursi a poco più di 600 euro, e questa forma di risparmio sul costo del denaro che ti ha anticipato la banca può sembrare interessante, ma può non risultarlo nel medio e lungo termine. Basta riflettere che la rata così come è "dimagrita", allo stesso modo può "ingrassare" e lievitare ben oltre il peso iniziale. E se pensi di vendere l'appartamento acquistato a mutuo, una rata "grassoccia e anche ballerina" può spaventare e allontanare molti acquirenti.

Ricordiamoci comunque che se acquistiamo un immobile da un privato gli interessi passivi che paghiamo alla banca su ogni rata di finanziamento si possono scaricare dalle tasse nella percentuale del 19% e nei limiti del tetto massimo che è stabilito per legge.

E se acquisto all'asta?

Anche l'aggiudicatario, al pari di chi acquista da un privato, può ottenere le agevolazioni fiscali, ossia i benefici per l'acquisto della prima casa, e può scaricare gli interessi passivi che paga sulla rata di mutuo.

E se non voglio chiedere il mutuo?

Altre forme di finanziamento

Come è facile intuire, non tutti hanno la capacità di osare e quindi di chiedere un prestito a una banca, oppure a una finanziaria, sapendo che poi occorre pagare. I ricchi che hanno iniziato dal nulla non hanno mai avuto di questi problemi, perché per loro il "mettersi in gioco" non è rappresentato dal solo prestito ma da tutto l'investimento che stanno per fare. Poiché si circondano di persone capaci e valide nei vari campi di investimento (aziende, marketing, borsa e soprattutto immobili) la possibilità di "rientrare" rispetto al debito contratto non li spaventa affatto. Sanno che agendo nel modo giusto il risultato è uno solo: **guadagnare tanto**. Trattare quindi con banche e finanziarie, più sotto il profilo *emotivo* che per altro, potrebbe risultare meno facile a chi si accinge per la prima volta a fare un investimento. E ciò perché probabilmente non si sente ancora pronto, oppure non ha gli strumenti adatti per chiedere e per ottenere un prestito.

Quale può essere la soluzione adatta?

Un finanziamento alternativo

In questi casi, la strada più conveniente da prendere è quella di chiedere ad amici e parenti, coinvolgendoli nell'affare; oppure promettendo loro una piccola percentuale sull'investimento. In questo modo si evitano istituti di credito e finanziarie. Molte volte è proprio in famiglia che si possono reperire piccole somme accantonate o che fruttano poco.

REGOLA D'ORO: se progetti un investimento interessante, e lo proponi, troverai sempre un finanziatore

Pertanto, la soluzione giusta potrebbe essere proprio quella dell'ambito familiare se ciò ti permette comunque di raggiungere lo scopo che ti sei prefissato. Se hai valutato le circostanze, sai che puoi avere delle risposte affermative ed è chiaro che sei in grado di gestire la situazione. Male che vada, ti rivolgerai ad altri. Inoltre, stai pur certo che dopo i primi affari in cui hai dimostrato tutta la tua bravura, saranno gli altri a correrti dietro per partecipare alle tue operazioni immobiliari.

Le conoscenze

Tante volte si sottovaluta la rete di conoscenze che ognuno ha. Questo atteggiamento è ingiustificato anche rispetto alle amicizie proprie o di altri amici e parenti. Invece, bisogna usare ogni mezzo a propria disposizione perché tutti possono aiutarci se è necessario. E proprio quando meno te lo aspetti, quelle persone alle quali mai e poi mai avresti pensato ti possono far realizzare l'investimento dei tuoi sogni. A questo punto, occorre necessariamente fare una lista di persone da reperire negli ambienti che abitualmente frequenti. Questa potrebbe essere una possibile lista:

- scuola e università;
- amici;
- pensa ai tuoi hobby e con chi li condividi;

- rifletti sui contatti commerciali che intrattieni;
- i colleghi più stretti;
- parenti;
- amici in comune;
- su quello zio che sta in Brasile a godersi la pensione, ma ha qualche soldo a parte;
- il conoscente che ha il pallino degli affari;
- il vicino di casa.

Ne uscirà come per incanto una sfilza di nomi di possibili partner, che non aspettano altro di essere invitati a un ottimo affare.

Il perché è facile da intuire

I buoni affari sono merce pregiata. E quando si spiega al potenziale partner in affari l'impennata o l'incremento che avrà la sua parte di capitale una volta investita, gli si drizzano per forza le orecchie.

A maggior ragione bisogna conoscere il calcolo del ROI e del

ROE per dimostrare, prima a te stesso e poi agli altri, la differenza fra i normali investimenti (che producono un *tasso di interesse*) e l'alto livello di *arricchimento* del tuo business immobiliare, illustrato dai marcatori finanziari. Comunque, tieni presente che c'è sempre qualcuno che potrebbe essere disinteressato, perché è timoroso già di suo.

Il signor No

Nella lista che abbiamo preparato saranno incluse persone alle quali si può sicuramente chiedere un prestito, o coinvolgere per fare affari insieme. Ma può anche succedere di aver riposto eccessiva fiducia nelle capacità economiche di alcuni o di aver sopravvalutato l'apertura mentale di altri.

E quindi è proprio da chi non te l'aspetti, perché lo reputi il più intelligente e brillante di tutti, puoi restare deluso. Poiché non è tutto oro quel che luccica, mettiamo in preventivo anche qualche rifiuto e il fatto di essere preparati a qualche *no*.

REGOLA D'ORO: molti preferiscono solo lamentarsi

piuttosto che agire.

Di conseguenza, puoi cadere in errore sulle reali capacità di una persona che passava per essere uno in gamba, e invece è uno dei tanti, uno che preferisce restare al calduccio mentre fuori piove. Ma anche se piove, bisogna uscire. *Perché il mondo degli affari attende solo chi si dà da fare.* Adesso sai che non tutti lo fanno.

Allora, nel nostro ipotetico elenco di trenta persone mettiamo pure in conto che un 20% di esse può non essere interessato a un progetto che non comprende fino in fondo o che non vuole condividere. Non farti ingannare però dalla percentuale che sembra alta: a conti fatti, sono appena sei persone. Dopo aver vagliato e usato la rete personale di amicizie e parentele, e aver ottenuto una somma che non è sufficiente per raggiungere il tuo scopo, cioè sei in possesso di appena un 20% sul totale che ti occorre, pensa subito a un'asta immobiliare. Ricordati che è questa la cifra iniziale per gli assegni a deposito cauzionale e in conto spese per l'aggiudicazione. E per quel che ti manca ti restano sempre la rete bancaria o finanziaria. Una volta realizzati i fondi necessari per mettersi in attività, finalmente c'è del denaro da spendere. Sì, proprio *da spendere.*

Ma cosa hai capito? Dove stai andando?

Fermati! Non ripetere l'errore più frequente!

REGOLA D'ORO: è giunto il momento di pensare come un ricco. Devi iniziare a investire nel settore giusto, se vuoi arricchirti. Devi investire, e non spendere.

Qual è il settore adatto per il tuo investimento?

Gli immobili

Adesso conosci, dopo aver letto del rapporto giusto o sbagliato che ognuno ha con questo amico-nemico che è il denaro, che il sistema migliore ai fini di un guadagno è quello di investire nell'immobiliare. Rivediamo insieme *perché* proprio gli immobili:

1. rappresentano un investimento solido e non danno brutte

sorprese;

2. ti mettono al riparo dai rischi che possono nascere da incauti investimenti in borsa fatti da chi non è pratico e non si è lasciato consigliare da un esperto;
3. tutelano dall'inflazione;
4. possono arricchirti in tempi brevi e per sempre;
5. ci investono tutti i ricchi;
6. è il settore con la maggior percentuale di successi;
7. è il settore che anche a me ha permesso di diventare ricco partendo da zero.

REGOLA D'ORO: se non hai, al pari di un ricco, le conoscenze, le amicizie e i contatti giusti per accedere al credito non scoraggiarti più di tanto, perché attualmente il miglior cliente per le banche e le finanziarie sei proprio tu.

Sei proprio tu, infatti, il piccolo e medio investitore sul quale esse vogliono investire a loro volta. Ora che hai acquisito molte nozioni tecniche e hai la forma mentis adatta per iniziare anche da solo o insieme a un tuo amico, che è in affari con te o che è più esperto, prima ancora di lanciarti per andare ad arricchirti con gli immobili è giunto il momento di parlare anche di alcuni errori che potrebbero ripresentarsi e che abbiamo commesso un po' tutti. Pensiamo a come evitarli per consolidare ancor più, e non vanificare, le dritte, i consigli e ogni suggerimento che ho provato a darti per poter agire.

REGOLA D'ORO: oltre a creare il denaro, bisogna anche imparare a gestirlo.

Per questo motivo, andremo a vedere qual è il segreto dei ricchi e quello dei poveri. Impariamolo conoscendo la storia di una mia amica, che sarà la protagonista del prossimo argomento.

RIEPILOGO DEL CAPITOLO 20:

- SEGRETO n. 1: devi investire, e non spendere;
- SEGRETO n. 2: se progetti un investimento interessante, e lo proponi, troverai sempre un finanziatore.
- SEGRETO n. 3: molti preferiscono solo lamentarsi, piuttosto che agire.
- SEGRETO n. 4: il mondo degli affari attende solo chi si dà da fare.
- SEGRETO n. 5: oltre a creare il denaro, bisogna anche imparare a gestirlo.
- SEGRETO n. 6: se non hai, al pari di un ricco, le conoscenze, le amicizie e i contatti giusti per accedere al credito, tieni sempre presente che in questo particolare momento storico per le banche e le finanziarie il miglior cliente sei proprio tu.
- SEGRETO n. 7: se vuoi approfondire i metodi per finanziarti, guarda il dvd *Stralcio, Mutui e Leasing*.

CAPITOLO 21:

Money sweet money: l'ereditiera

Conosco una bella ereditiera che nel giro di pochi anni ha dilapidato una vera fortuna. Anche i giornali riportano storie di persone che si erano arricchite e hanno perso tutto per non aver saputo gestire il proprio patrimonio. Il patrimonio della mia amica, nel momento in cui le pervenne era in lire, poiché la faccenda nasce nell'anno 2000, anche se poi è proseguita. Poiché il potere d'acquisto della lira per la nostra realtà sociale era buono (ma, nonostante tutto, ci lamentavamo egualmente) nell'esaminare il caso userò per l'appunto la lira, che era la moneta corrente quando i fatti si svolgevano. E questo evidenzierà anche meglio quello che è avvenuto. Ma non voglio anticipare tutto qui. Andiamo per gradi e osserviamo quali sono gli errori che fa chi entra a far parte della categoria dei nuovi ricchi.

Non è facile amministrare le proprie finanze, se non lo si sa fare. A maggior ragione non lo sa fare chi non ha mai posseduto denaro. Quanto è accaduto alla ricca ereditiera è memorabile. Giorgina lavorava in un pastificio emiliano: stava tutto il giorno alla catena di montaggio a imbustare i tortellini che le altre colleghe avevano preparato. Lavorare in questo modo non è piacevole né riposante: non puoi fermarti neanche un decimillesimo di secondo se non vuoi interrompere la catena o, peggio ancora, farti male con i macchinari.

Immaginiamo quindi la sua contentezza il giorno in cui ricevette la lettera del notaio con la quale veniva lasciata unica erede da una zia che stava in Australia e che l'aveva tenuta tra le braccia al battesimo. La prima cosa che fece fu quella di licenziarsi. Seguirono l'acquisto di una Maserati, il rinnovo di tutto il guardaroba estivo, poi di quello invernale; lo fece direttamente alle sfilate di Parigi, dove acquistò i più bei capi delle migliori griffe. Aveva sempre sognato di fare il giro del mondo, e quindi non se lo fece mancare: era un'ottima occasione per sfoggiare i vestiti su una splendida nave crociera. Comprare una Maserati costa un patrimonio, ma forse costa ancor più mantenerla nel tempo, tra bolli, assicurazione, box auto, carburante, lavaggio, manutenzione e altro.

Non parliamo delle sfilate! Per quelle aveva una vera predilezione e costavano quanto un'auto di lusso tra voli, soggiorni in albergo, colazioni, pranzi e cene nei migliori ristoranti. Se includiamo gli abiti, la cilindrata era notevole! Fortunatamente si fermava ogni volta pochi giorni, ma questo accadeva due volte all'anno, precisamente quando era pronta la collezione invernale, che veniva presentata in primavera, e per l'uscita di quella estiva, verso la quale Giorgina volava in autunno.

I regali per le amiche e gli amici, che ormai non la lasciavano un giorno da sola, consistevano in gioielli e orologi importanti. Quando fu chiamata dal direttore della banca, che le riferì che il suo conto era in rosso… voleva morire! Erano bastati pochi anni per tornare a essere Cenerentola dopo mezzanotte. Solo che adesso Giorgina non aveva più neanche un lavoro, e soprattutto le costava lacrime amare tornare alla grama vita di prima. Questa storia la inserisco spesso nei miei corsi per spiegare un'altra...

REGOLA D'ORO: chi non impara a gestire il proprio denaro prima o poi ritorna a essere nuovamente povero.

Le gratificazioni che si era concessa Giorgina per ricompensarsi in qualche modo della grigia vita che aveva condotto fino al momento di entrare in possesso dell'eredità erano tutte necessarie? Se dalle spese pazze, che le avevano assottigliato il capitale fino a distruggerlo completamente, avesse sottratto una parte per farne un solido investimento come una casa, dei garage, dei terreni edificabili, dei negozi... le sarebbe rimasto qualcosa?

La risposta non può essere che affermativa, e sono sicuro che anche tu l'avrai condivisa con me analizzando bene i fatti di cui stiamo parlando, che vanno a rappresentare un'ipotesi di *solo deposito vincolato* di quella consistente somma su un conto corrente bancario, dopo aver pattuito gli interessi col direttore, perché adesso Giorgina avrebbe potuto. Figuriamoci cosa avrebbe ottenuto facendosi seguire da un esperto di investimenti immobiliari, esperto che in futuro potresti essere anche tu.

Situazione patrimoniale di Giorgina quando ha ereditato

Periodo 1° gennaio 2000

Entrata	2.000.000.000 £
Interessi 7%	140.000.000 £
Patrimonio dopo 12 mesi	2.140.000.000 £

Se Giorgina avesse lasciato respirare un po' quelle somme, e bastava *lasciarle a deposito dopo aver trattato con la banca* per un cospicuo tasso di interessi, in dodici mesi avrebbe percepito quale entrata 140.000.000 di lire. Dopo altri sei mesi avrebbe percepito altri 75.000.000 circa, accumulando interessi semplici e composti al capitale.

Evidenzio adesso le sole entrate da interessi

Periodo 30 giugno 2001

Capitale immobilizzato	2.000.000.000 £ +
Interessi semplici al 31/12/00	140.000.000 £
Interessi composti al 30/6/01	74.900.000 £ =
Totale entrate da interessi	214.900.000 £

E cioè: duecentoquattordicimilioni e novecentomila di vecchie lire... oggi pari a 110.000 euro.

Quando Giorgina ha ricevuto l'eredità, se fosse stata (non molto ma appena un po') oculata avrebbe potuto ottenere un ricavo da *rendite attive* – come hai visto sopra – di circa 110.000 euro, e questo senza toccare un centesimo del proprio capitale.

Lo schema sottostante ci ricorda il calcolo degli interessi semplici:

2.000.000.000 £ x 7% = 140.000.000 £

pari a 72.303 € circa

Come sappiamo nei primi dodici mesi l'interesse elargito dalla banca sul capitale bloccato è semplice, cioè corrisponde alla percentuale che pattuita. Andiamo a calcolare adesso l'interesse composto:

2.140.000.000 £ x 3.5% (tasso per sei mesi) = 74.900.000 £

pari a 38.682 €

Nel primo semestre dell'anno successivo, essendo maturati gli interessi li abbiamo (come sopra) calcolati sulla sorta già comprensiva degli interessi semplici. Ossia, gli interessi sugli interessi, che dopo il primo anno entrano di diritto a far parte del capitale.

L'ereditiera, ignorando le fondamentali regole che servono necessariamente per poter "maneggiare il denaro", ha lasciato che quella montagna di soldi le bucasse le mani per scivolare via. Hai fatto il conto di *quanto ha speso* mediamente ogni anno? **Più di 300.000 euro!** Come si sarebbe comportata una persona diversa, con appena un po' di sale in zucca? Avrebbe cambiato la propria posizione finanziaria per sempre, non per pochi anni.

REGOLA D'ORO: chi non è abituato a tenere il conto di quanto gli entra in cassa e di quanto preleva da quella cassa, facilmente si trova pieno di passività (ossia *spese*) e preleva oggi preleva domani... i soldi finiscono.

La nostra Giorgina, aveva imparato solo le sottrazioni. Per questo è necessario conoscere i numeri e l'aritmetica elementare. Peccato che l'ereditiera abbia pianto sulla mia spalla solo dopo, quando aveva già esaurito il proprio tesoro. Sarebbe stato sufficiente conoscerci durante la sua "fase buona" quando la fortuna l'aveva inseguita e baciata in fronte, per fare investimenti alla grande. Ma anche un piccolissimo accorgimento, come quello di non spendere tutti i soldi in attesa *di investirne una parte* le avrebbe consentito di vivere agiatamente per sempre. Nonostante le sue mani bucate, oggi sta imparando a gestirsi bene e soprattutto a ricreare la propria eredità guadagnando con gli immobili.

A questo punto potresti chiederti:

- perché non si può restare ricchi se si ha avuto fortuna?

- perché è così facile spendere anziché investire?
- come si fa a salvaguardare il proprio denaro se lo si ha?
- cosa avrei fatto se avessi avuto io il denaro di Giorgina? E se fossi stato il suo consulente?

Ciò posto, mettiti alla prova subito: in che modo avresti investito parte del denaro di Giorgina? Come le avresti creato una rendita fissa o cashflow?
E, poiché ci siamo, incomincia a chiederti: ma quale segreto nascondono gli imprenditori, i ricchi e chiunque considero "arrivato"? Perché loro "sfondano"? Questo sarà l'obiettivo del prossimo Capitolo.

RIEPILOGO DEL CAPITOLO 21:

- SEGRETO n. 1: spendere è sempre più facile che investire.
- SEGRETO n. 2: si può sempre imparare "anche" a permettersi dei regali molto costosi ma...
- SEGRETO n. 3: chi non impara a gestire il proprio denaro, prima o poi ritorna a essere nuovamente povero.
- SEGRETO n. 4: chi non è abituato a tenere il conto di quanto gli *entra in cassa* e di *quanto preleva* da quella cassa, facilmente si troverà pieno di passività, ossia *spese*. E prima o poi finirà i soldi.
- SEGRETO n. 5: diventa esperto del settore immobiliare e potrai sempre essere di aiuto a tutti, soprattutto a te stesso e ai tuoi cari.

CAPITOLO 22:

Il segreto dei ricchi e quello dei poveri

La disastrosa avventura capitata a Giorgina l'ereditiera ha fatto venire il magone un po' a tutti e anche a me, pensando a quel milione di euro investito solo in cose futili e che non le hanno lasciato niente. Eppure, accade ogni giorno a chi si è arricchito con un colpo di fortuna di perdere tutto. Ma a una persona che conosce l'esatto valore del denaro questo non sarebbe mai accaduto. Anzi, per dirla tutta: a un **esperto investitore** non sarebbe successo. Egli non avrebbe mai distrutto o lasciato inutilizzata una somma simile, ma l'avrebbe certamente investita, servendosene in modo diverso rispetto a Giorgina.

Come l'avrebbe investita?

In immobili e altri beni attivi per ricavarne ulteriori entrate. Non è per caso che certe persone sono diventate ricche, e se vogliono restare tali – come già sai – devono *investire e poi reinvestire* il proprio guadagno con quanto di meglio il mercato offre.

Raccontando quanto è accaduto all'ereditiera, potresti incontrare chi ti dice che Giorgina era un'operaia e che quindi va scusata per la cattiva amministrazione di se stessa. La maggior parte delle persone non conosce, e neppure vuole apprendere, cosa vuol dire fare il punto sulla propria capacità di reddito, o *come crearsi degli attivi mettendoli a fruttare.*

Sono in grado di far bene i conti, anche se con estrema sofferenza, solo quando si tratta di pagare le tasse sull'attività lavorativa che svolgono in proprio. Mentre quelli che svolgono lavoro subordinato in favore di altri non sono soggetti a questo stillicidio, solo perché le tasse e gli orpelli vari vengono loro sottratte con il metodo indolore: direttamente dalla busta paga. E vedere quanto è gonfia la busta al lordo e di quanto dimagrisce dopo che è stata portata al netto fa venir voglia di urlare senza ritegno…

La forma mentis diversa, quella che ti porta a diventare il contabile di te stesso, non la mangi insieme alla pappa quando sei bambino, ma devi impararla! Il problema con i soldi non è solo di Giorgina, in quanto operaia, ma anche dell'imprenditore che fa il passo più lungo della gamba, e quindi cade. Appartiene al professionista... Appartiene all'impiegato: ricordiamoci del padre di famiglia che combatte tutta una vita per una busta paga.

Tutti indistintamente, ma proprio tutti, quando si tratta di conti, tasse e spese imprecano, si lamentano ma non fanno niente per mutare la propria posizione economica. E anch'io ho dovuto imparare a mie spese a sapermi gestire economicamente. In genere, ogni persona continua a tirare avanti, spendendo il poco denaro che ha, finanche quello che dovrebbe ancora avere. E tutto questo dipende sempre ed esclusivamente da un'inesistente educazione economica di base.

Vuoi sapere cosa fanno abitualmente?

Alla televisione danno un programma a quiz condotto da Gerry

Scotti che si chiama *Chi vuol esser milionario?* Vi partecipano persone di ogni tipo, che vincono fior di bigliettoni in una serata, al massimo due. Le cifre minime delle vincite sono per lo più sui 16.000 euro (spesso veramente regalati...), perché il partecipante può vincere, anche servendosi dell'aiuto del pubblico, che gli dà la risposta giusta, oppure può telefonare a casa per lo stesso motivo. Molte volte, invece, le cifre vinte sono considerevoli perché si aggirano sui 100.000 o 150.000 euro, se non di più.

A metà del gioco il conduttore puntualmente chiede a colui che sta giocando cosa farà della vincita. Ebbene: su centinaia e centinaia di operai, impiegati e professionisti, studenti e casalinghe **nessuno** ha mai dato in questo caso la risposta giusta. La maggior parte ha risposto così:

- il 50%: *viaggiare* (= acquisto di passività);
- il 20%: *cambiare l'auto* (= acquisto di passività);
- il 20%: *cambiare l'arredamento* (= acquisto di passività);
- il 10%: *fare regali ai figli* (= acquisto di passività).

Quindi abbiamo: viaggi, auto, regali ai figli, debiti... E poi si lamentano che non hanno proprietà, che non ce la fanno a vivere, mentre i ricchi hanno tutto. Compresi i soldi, e le case nei più bei paradisi del mondo. Invece, il problema è proprio in questa errata concezione. Le persone facoltose, abbienti, ricche, o chiamiamole come ci pare e piace, non spendono così facilmente, contrariamente a quello che si crede: per loro è più importante **far fruttare i soldi**.

Cosa fanno i ricchi del denaro?

Lo investono in beni attivi, soprattutto immobili. E tutti sanno quali sono: basta aprire un giornale qualsiasi per vederli fotografati in magnifici palazzi, ville da sogno e attici in città, ville al mare e chalet in montagna. Ma anche stabilimenti, nei quali passano la maggior parte del proprio tempo: stabilimenti dal valore di milioni di euro, che vengono affidati ai migliori architetti di grido per essere sottoposti a un lifting, che farà salire ancor di più il valore.

Ecco: è a questa mentalità che ti devi preparare, adesso che sai. Invece, cosa hanno fatto i nostri partecipanti al quiz? Quelli che credendo di essere nel giusto, perché nessuno lo ha mai insegnato loro, continuano a vivere da cicale? Prima ancora di vincere quei soldi, cosa hanno fatto? Li hanno spesi!

L'etimologia di queste parole è diversa ma complementare. Come si può facilmente comprendere, il termine *passività* indica delle uscite, ossia mettere mano al portafogli, e nel momento in cui si compie questa azione il denaro va, e non torna più indietro. È andato. È uscito per cose magari anche belle, ma ai fini di un investimento passive, perché **non fruttano**.

Rispondiamo alle domande di Gerry Scotti

Adesso è il momento di porre a te stesso queste domande:

- cosa avrei risposto a Gerry Scotti?
- avrei evitato l'acquisto selvaggio?
- avrei saputo usare quel denaro extra in modo utile?
- avrei pensato ad acquistare attivi?
- avrei saputo fare il migliore investimento?
- avrei creato un cashflow?

Se hai risposto in modo affermativo alla maggior parte delle domande sei, come si suol dire, in una botte di ferro: perché sai di certo come amministrarti, sai investire nel modo migliore il tuo denaro.

Allora vediamo di non perdere di vista questi doni eccellenti che hai, perché ti porteranno già da soli a imboccare la strada giusta per diventare uno tra gli ottimi e ricchi investitori. Come già avevamo accennato, per diventare un milionario, conservare il capitale, farlo fruttare e non dilapidarlo solamente, occorre saper sfruttare il segreto dei ricchi, che consiste nel fare un uso finanziariamente corretto del denaro, investendolo. In quale settore e in che modo? Nel settore immobiliare e soprattutto grazie all'ausilio delle banche (quante volte te l'ho ripetuto?). Andiamo a illustrare il tutto con un esempio.

Esempio

Supponiamo che ci sia un industriale con un capitale di 10.000.000 di euro tra conti correnti e investimenti vari, e che gli capiti un affare per cui deve investire moneta. Secondo te come si comporterà? Metterà in campo tutti i *segreti del ricco.* Osserviamo i suoi step e usiamoli.

Andrà subito in banca per chiedere un prestito, mentre continuerà imperterrito a percepire sia gli interessi attivi che ha pattuito con la banca che le rendite immobiliari o cashflow che si è creato. Rinuncerà all'affare? Questo mai! Se quell'investimento richiede anche solo 500.000 euro, e per la bontà dell'affare ne andrà a ricavare il triplo, stanne certo: chiederà un prestito. Magari nella stessa banca dove ha aperto il conto. E gli conviene sotto l'aspetto economico, perché bisogna sapere che le banche con chi ci sa fare con il denaro oppure ha un solido conto e beni **trattano sempre sui tassi** che andranno ad applicare. E fin qui non sto dicendo niente di nuovo, perché è notorio che le banche devono saper fare il proprio mestiere e trattare bene i clienti, altrimenti falliscono e chiudono i battenti.

Ci sono due pesi e due tassi, uno per i ricchi e un altro per gli altri. Colui che può mercanteggia e ottiene. Chi non può si deve… accontentare. Nessuna meraviglia: è prassi corrente. La trattativa va di pari passo con il prestigio di cui si gode in banca, e l'affidabilità. È proprio la fiducia, sulla capacità "di rientro" che comporta la possibilità di avere un prestito, un mutuo o uno scoperto, ossia un conto che la banca apre per tale motivo e con il quale ti offre la possibilità di operare.

È lampante che c'è una diversità di accesso al credito, oltre che di vedute e di aspettative. Proprio per il motivo che c'è una differenza abissale tra l'educazione finanziaria di un ricco e quella di un povero.

Quali sono le tattiche del ricco?

Anche se a noi può sembrare strano, chi possiede molto denaro mercanteggia sempre, cerca di tirare sul prezzo, pretende sconti, tratta con il direttore della banca per avere il miglior tasso di interesse sul conto. E lo fa sempre. Non solo quando deposita ma anche quando chiede un prestito.

E se non ottiene quello che vuole?

Non si scompone più di tanto, ma minaccia subito di chiudere il conto e di portare il proprio denaro altrove. È chiaro che sta bleffando, ma il suo interlocutore non può averne alcuna certezza e per timore di perdere il cliente accetta nuovamente di trattare.

E se non vogliono accordargli il prestito?

In questo caso, il Nostro è ancora più lucido e freddo: è estremamente motivato a raggiungere il proprio scopo, che è quello di ottenere il denaro che gli occorre. Butta giù due calcoli (che si era già preparato prima di uscire e che adesso sa a memoria) e con questi alla mano illustra la cifra che chiede e le modalità di rientro, ed evidenzia, magari cerchiandolo con la penna, lo spread che spetta alla banca sul prestito. Con quest'abile manovra va a portare il discorso proprio dove vuole lui, ossia sul guadagno che spetta alla banca. e mentre evita di lasciar trapelare un minimo indizio su quanto ci tiene ad avere il denaro, mette sotto gli occhi del suo finanziatore quello che quest'ultimo sta... per perdere. È più che evidente che in questo caso la situazione si ribalta. Adesso è la banca che è fortemente motivata a concedergli il denaro che ha chiesto.

REGOLA D'ORO: impariamo senza timore a "mercanteggiare" e prepariamoci a casa il discorso da fare. Ricordiamoci sempre che le banche sono favorevoli a concedere un prestito, perché questo è il loro pane quotidiano. L'importante è dimostrare sicurezza e capacità di rientro. E se anche un ricco imprenditore deve dimostrare la propria affidabilità, facciamolo tranquillamente anche noi.

E per chi vuole muovere i primi passi verso la ricchezza, è necessario acquisire delle altre nozioni, che serviranno per negoziare nel migliore dei modi con le banche. Inoltre, queste saranno preziose per *diventare ricco*, ma soprattutto per *restare ricco*. Di conseguenza, continuando nel percorso già iniziato, andiamo a vedere come si fa a mantenere il capitale che abbiamo creato, e quali sono le dritte per farlo rendere sempre e di più.

RIEPILOGO DEL CAPITOLO 22:

- SEGRETO n. 1: impara a ragionare da ricco per creare e gestire il tuo patrimonio.
- SEGRETO n. 2: inizia a notare come ragiona la maggior parte delle persone.
- SEGRETO n. 3: chiediti cosa faresti al loro posto.
- SEGRETO n. 4: impara a negoziare con le banche e a fartele amiche.
- SEGRETO n. 5: le banche sono sempre ben disposte verso tutti quando si tratta di immobili.
- SEGRETO n. 6: giorno dopo giorno inizierai ad avere sempre più confidenza con le banche e a saper ottenere gli stessi trattamenti e vantaggi di un ricco; soprattutto dopo aver effettuato le prime operazioni immobiliari.

CAPITOLO 23:
Sì al diversificare, ma partiamo dall'immobiliare

Il percorso giusto per mantenere il proprio patrimonio, se lo si è iniziato a creare o se si ha avuto una bella entrata come Giorgina, è quello di farlo fruttare e moltiplicare. In che modo? Con pochi e mirati investimenti nel settore immobiliare.

Prendiamo, ad esempio, solo il 50% di quell'eredità: 1.000.000.000 £ = 516.456 €. Con una cifra così interessante conviene fare più investimenti immobiliari. Acquistando locali commerciali, oppure garage, o appartamenti in fase di costruzione. In tal modo, se per il calcolo delle probabilità uno di essi non rende come ci si aspetta nel breve termine, comunque restano gli altri. Volendo poi **diversificare** ulteriormente l'investimento, cosa che consiglio a chi ha già grandi capitali e può permettersi bravissimi professionisti, c'è la possibilità del mercato azionario.

Come li investiamo?

La scelta di investimento per una parte del denaro potrebbe cadere su **azioni di piccole aziende in espansione**. Il costo di queste azioni ancor prima di entrare sul mercato è basso, quindi è sempre più conveniente rispetto alle "Grandi Azioni" rincorse da tutti. Ricordiamoci sempre che occorre l'ausilio di un bravissimo esperto, anche perché non è facile individuare questa tipologia di aziende. Acquistando titoli o azioni l'aiuto dei più bravi esperti del settore è assolutamente necessario.

Per molti investire in azioni consiste solo nel fare attenzione ai messaggi finanziari che sono riportati sui giornali o in rete, e a spaventarsi quando i titoli acquistati salgono o scendono, cioè perdono quota. In quest'ultimo caso, e a maggior ragione, non occorre urlare con tutto il fiato che si ha in gola che è meglio buttare i titoli giù dalla finestra! Non si fa. Non è corretto, né per la tua tasca, tantomeno per il vicinato che non ne può più di queste esternazioni. Ascolta la dritta invece: *quando tutti vendono (solo perché il mercato è compresso) devi essere contento perché quello è il tempo dei migliori affari.* Perché il **Vero Investitore** lo si riconosce nel momento in cui, mentre tutti corrono al riparo per paura di una forte perdita, lui continua ad arricchirsi. Perché è preparato a ogni evenienza.

E mai come adesso ci sono opportunità di arricchimento anche per i piccoli risparmiatori. Ogni giorno sui mercati di tutto il mondo si offrono titoli azionari e obbligazionari a prezzi così "stracciati" da ritenere impensabili solo pochi mesi fa. In questo momento nel mondo sono disseminate tante di quelle opportunità che molti, presi dalla paura, non riescono a cogliere. Ma nel lungo periodo tutti i coraggiosi saranno premiati.

Riporto allo scopo alcune considerazioni fatte da due Premi Nobel. Il Premio Nobel 2007 per l'Economia, lo statunitense Eric Maskin, ha previsto da due a quattro anni di flessione per tutti i mercati con un rallentamento dell'economia. Anche secondo un altro Premio Nobel per l'Economia (1992), Gary Becker, la ripresa non sarà immediata, anche se di crisi economiche ne abbiamo attraversate tante e ad ogni crisi il capitalismo viene dato per morto, eppure è sempre lì.

Cosa vuole dirci Becker?

Sostanzialmente, quanto ho appena esposto sopra. Anche un momento non proprio favorevole può essere visto come una grande opportunità economica e ci può insegnare che se abbiamo avuto la forza ed il coraggio di investire bene i nostri risparmi per guadagnare – e gli europei hanno una percentuale di risparmi accumulati cinque volte maggiore rispetto agli statunitensi – non resta altro da fare che aspettare e avere pazienza, perché prima o poi la qualità dell'investimento sarà premiata.

In fase di mercato flesso si può fare man bassa di ottime azioni a costo più che conveniente, o essersi già preparati a guadagnare anche al ribasso. Continuo però a ripeterlo, e per l'ennesima volta: mai andare allo sbaraglio e da soli. Non si può sbagliare in niente, perché i soldi sono una cosa estremamente seria. Nello stesso modo in cui si possono guadagnare facilmente con quelli che sembrano "giochini", con la stessa facilità si possono…

perdere. Inoltre, ricorrendo agli esperti dei vari settori si guadagnano tempo e denaro. In caso contrario, si entrerà a far parte di quella schiera di persone che azzardano e continuano a perdere soldi, sperando di arricchirsi con qualche colpo di fortuna.

Questo piccolo accenno a un settore diverso serve solo a far comprendere che esistono anche altre opportunità per poter guadagnare, o aumentare il proprio capitale, ma bisogna sapere come muoversi. Anch'io, infatti, pago ben volentieri alcuni miei cari amici che sono bravissimi professionisti del settore in cambio di ottimi risultati.

REGOLA D'ORO: se hai un capitale da investire, non perdere più tempo! Ora la migliore possibilità in assoluto è quella immobiliare.

Per quale motivo conviene l'immobiliare?

Ormai dovresti sapere meglio di me che questo tipo di investimento riesce a darti sempre ottimi risultati rispetto agli altri. Perché:

- è quello che dà minori rischi;
- è solido come il terreno su cui poggia;
- è l'unico, rispetto a gioielli, quadri, auto potenti e altri beni di valore che ti garantisce nell'immediato una soddisfazione economica eccellente;
- in caso di necessità ti garantisce una liquidità da parte ti chiunque, e senza ricorrere a ulteriori mezzi o garanzie;
- -se in Italia tutti posseggono e vogliono possedere una casa, ciò è dovuto al fatto che essa è il bene più richiesto, quindi più rivendibile.
- è il settore preferito dai ricchi;
- è considerato da tutti, banche comprese, come moneta solida.

Vogliamo andare insieme a vedere come?

Il quadro

Stiamo andando in banca e sotto il braccio ho una magnifica tela. È un quadro di Salvatore Fiume. È costato una cifretta ma è così bello nei suoi colori che esprime tutto il talento dell'artista!

Chiedo di parlare con il direttore perché ho qualcosa di interessante da dirgli. Una volta che siamo di fronte a lui, appoggio la tela a terra, mi aggiusto il nodo alla cravatta, mi stampo un sorriso in faccia, e con sincerità gli dichiaro una mia piccolissima difficoltà economica.

Gentilmente lui mi chiede quanto mi occorre. Poiché sono sufficienti 20.000 euro offro a garanzia il mio bel quadro, che sollevo da terra per farglielo vedere. Gli faccio notare, vedendolo alquanto perplesso, che a casa ne ho altri due dello stesso autore, e che anche la grandezza è identica. Così dicendo, gli sorrido nuovamente. Il direttore continua a guardarmi e non ricambia il sorriso. Mi offro di dargli tutti e tre i quadri a garanzia del mio debito: in fondo è una piccola cifra quella che ho chiesto. Mi serve solo il tempo di andare a casa, e glieli porterò in banca. Stavolta, il direttore salta letteralmente dalla sedia, e manca poco che ci faccia uscire a pedate.

Ma cosa abbiamo fatto di così strano?

Facciamo il punto della situazione. Il quadro è mio, e non l'ho

rubato da un museo: ho tanto di certificato! Mi è costato un bel po' e mi sono documentato a catalogo: sul mercato vale ancora la sua bella cifra! Allora cosa è accaduto? Perché il direttore sembra offeso? Perché non abbiamo avuto niente, se gli ho offerto un quadro che vale molto più dei 20.000 euro richiesti? Ho cercato di rifilargli uno dei soliti *beni attivi* che credevo di avere, illudendomi che rappresentasse un attivo anche per lui.
Il direttore, invece, che è un uomo "quadrato" e crede solo ai numeri, non ha gradito. È paonazzo, si alza di scatto, e se ne va abbandonandoci come due sacchi vuoti. Dopo essere usciti dalla banca, decidiamo di fare un altro tentativo insieme, ma questa volta in maniera *totalmente diversa*. Entriamo di nuovo e vado a parlargli nuovamente. Mi scuso per prima e gli spiego che si trattava di un esempio pratico per te, che vuoi fare esperienza. Anzi, supponiamo che tu abbia una quota al 50% di un appartamento in comproprietà con tua moglie, e ti urge un prestito di 50.000 euro.

È affascinante osservare la metamorfosi... La faccia del direttore si è aperta in un sorriso mentre ci fa accomodare e va a prendere personalmente i moduli che occorre riempire per avere in pochi giorni 50.000 euro. Ritornando verso di noi, il suo passo è leggero, sembra quasi che danzi, e premurosamente offre il proprio aiuto per compilarli. Come abbiamo potuto constatare, la situazione in banca si è improvvisamente capovolta. Stavolta, però, a nostro favore. È stato sufficiente offrire, a chi per lavoro, deve gestire esclusivamente il conto profitti e perdite della banca una garanzia concreta, un bene attivo – come quello dei ricchi – per disporlo favorevolmente nei confronti del prestito.

E questa, secondo te, che cos'è se non la potenza del mattone?

REGOLA D'ORO: seguiamo l'esempio dei ricchi, investendo come loro: acquistiamo beni solidi da rivendere, i veri attivi, per intenderci. Se lo fanno i ricchi, perché non dovresti farlo anche tu?

Avere beni attivi, deve diventare il tuo obiettivo

Devi riuscire nel tuo intento e provare cosa significhi entrare in banca e non fare file interminabili allo sportello. Devi provare sulla tua pelle quella meravigliosa sensazione che ti dà il vedersi accogliere dal direttore in persona, che pieno di “amore” nei tuoi confronti ti fa strada verso il proprio ufficio. Perché egli sa che se ti sei “scomodato” sicuramente avrai da proporre alla banca che lui rappresenta affari più che interessanti e soprattutto garantiti, visto il genere di investimenti che tratti. Per lui sei prezioso esattamente come il più bel diamante del caveau.

Ma le banche sono davvero preziose e disponibili anche quando non si ha una solida posizione economica?

Sì. Come abbiamo riscontrato nei vari esempi che puoi trovare nel testo, in caso di necessità può bastare la busta paga, un bene anche in comproprietà con altri, la fideiussione di un terzo, oppure un semplice preliminare di vendita, o altro per ottenere quello che più ti serve per i tuoi affari: **il denaro**. L’importante è saper intrattenere un ottimo rapporto dal quale possono nascere scambi vantaggiosi per entrambi, perché le banche, non dimentichiamolo, sono istituti di credito, e già il loro nome è tutto un programma.

Come mai per alcuni le banche sono amiche, e per altri invece possono esser viste come nemiche? Come mai questo differente punto di vista, quando abbiamo dimostrato che possono esserci di grande aiuto? Lo andremo ad analizzare attraverso l'esperienza di mia zia, che volendo incrementare il proprio capitale anziché chiedere soldi alla banca, glieli ha dati. Vedrai nel prossimo Capitolo che usando gli istituti di credito nel modo sbagliato è normale vederli come nemici; ma come sappiamo, se "usati bene", essi possono diventare i nostri migliori amici.

RIEPILOGO DEL CAPITOLO 23:

- SEGRETO n. 1: sì al diversificare, ma partiamo sempre dall'immobiliare.
- SEGRETO n. 2: se vuoi diversificare diventa un esperto del mercato in cui vuoi investire; maggiori saranno le tue conoscenze e maggiori saranno i tuoi guadagni.
- SEGRETO n. 3: inizia sempre con un esperto fino a che non avrai la giusta esperienza per guadagnare in totale sicurezza ed evitare i rischi.
- SEGRETO n. 4: ricorda che il settore immobiliare resta sempre quello preferito dai ricchi.
- SEGRETO n. 5: inoltre esso è il migliore per iniziare a guadagnare tanto e subito, anche partendo dal nulla.
- SEGRETO n. 6: è anche il settore più premiato dalle banche, e questa è una grandissima garanzia.
- SEGRETO n. 7: impara anche tu a essere un vero esperto di immobili. Solo così diventerai un vero ricco.
- SEGRETO n. 8: se hai un capitale da investire non perdere più tempo! La migliore possibilità in assoluto è ora quella immobiliare.

- SEGRETO n. 9: presenta alle banche un affare immobiliare ed esse saranno ben liete di diventare le tue migliori amiche.

CAPITOLO 24:
Le banche sono amiche o nemiche?

Questa mia lontana parente ha fatto un investimento nel 1995 presso la banca in cui era correntista. Fu lo stesso direttore a proporle di sottrarre una somma dal conto e investirla in fondi a basso rischio, in favore dei suoi due figli. Perché glielo propose?

Perché il misero interesse che la banca elargiva annualmente, e che solo sulla carta era del 3% annuo, non riusciva a coprire neanche le spese di tenuta del conto. Anzi, ogni trimestre, quando arrivava l'estratto conto della banca, la zia si innervosiva solo al guardare le spese di gestione che servivano per avere il conto aperto. Secondo il suo modesto parere quelle spese servivano per tenere a mala pena in piedi un conto in fin di vita, perché esso ogni trimestre dimagriva, si assottigliava e svaniva sempre più!

All'epoca erano veramente salati quei costi, e la banca si

tratteneva dalle 150.000 alle 200.000 lire, quindi dai 75 ai 100 euro ogni tre mesi. Oggi, fortunatamente, con l'avvento dell'euro e le disposizioni della Comunità Europea (di cui l'Italia fa parte) è calato vertiginosamente il costo delle spese dovute alle banche per avere il conto presso di loro. Comunque, circa dodici anni or sono non era così.

Per cui la zia ogni volta che si recava in banca quasi aggrediva il malcapitato di turno che trovava allo sportello, come se fosse quello il responsabile degli interessi che non si vedeva mai accreditati sul conto. Fino a quando il direttore, che sicuramente era stato informato delle lamentele della cliente, le consigliò di togliere dal conto una discreta somma: 40.000.000 di vecchie lire, e di investirla in fondi.

L'avvertì che non erano molto redditizi, ma almeno erano sicuri. A fine investimento, la zia avrebbe riavuto il capitale investito oltre tutti gli interessi maturati. Finalmente soddisfatta, e piena di aspettative, la zia si diede da fare per il prelievo. Portò i due figlioli in banca e tutti insieme, codici fiscali alla mano più scartoffie varie, sottoscrissero il contratto che li avrebbe condotti verso un futuro più ricco e pieno di interessi. Almeno così sapevano.

Le avevano detto che non erano molto redditizi. Ma valeva "realmente" la pena di investire in quel modo?

Vediamo un po' cosa è accaduto nel 2007, quando i soldi dei fondi sono stati "svincolati" da tutta la famigliola, visto che i ragazzi, terminati gli studi, volevano servirsene per dei master all'estero.

Quanto ha reso l'investimento?

I ragazzi e la zia hanno avuto una bella sorpresa. Forse non era il genere di sorpresa che si aspettavano. I miei nipoti si sono trovati a riavere il capitale investito oltre 1032 euro in più. Praticamente, dopo dodici anni essi hanno percepito su 40.000.000 di lire, pari a 20.658 euro investiti in fondi, che dovevano per forza chiamarsi *Amici dei bond argentini* per quanto hanno reso: un utile complessivo del 5% in dodici anni, ossia **circa lo 0,41% annuo!**

In pratica, hanno guadagnato **86 euro all'anno** per un investimento di ben 40.000.000 delle vecchie lire. Non un euro in più. Il prospetto sottostante evidenzia il calcolo aritmetico:

20.658 € x 5% = 1032 € (interesse)

Se dividiamo l'interesse complessivo:

1032 € x 12 (anni di durata dell'investimento)

si ottiene **l'interesse annuo, che pari a 86 €**

Semplicemente pazzesco!

La zietta non riusciva a pensarci, perciò ha considerato le banche nemiche. Fortunatamente, come è in uso nelle banche, dopo un certo numero di anni i direttori vengono spostati da una sede all'altra. Solo in quel modo il direttore riuscì a salvarsi la pelle, perché non fu più rintracciabile da mia zia.

Dopo questi investimenti "a perdere" ti rivolgo un paio di

domande:

1. conosci qualcuno che si è arricchito con un investimento in banca di questo tipo?
2. sei a conoscenza di banche che arricchiscono i propri clienti, o ti risulta piuttosto il contrario?

Se hai risposto *sì* a tutte le domande, ti abbiamo scoperto: possiedi una banca! Se hai risposto con un secco *no*, sei perfettamente consapevole che sul mercato nazionale ed estero non esistono istituti di credito con funzioni assistenziali o sociali. Le banche hanno la necessità di avere clienti, di fare prestiti, di dare denaro e riceverne altro in cambio per i servizi che ci rendono. Ma per fare tutto questo hanno bisogno di buoni clienti. E al momento il migliore sei tu.

REGOLA D'ORO: ricordati che è sbagliato il modo con il quale le persone interagiscono con gli istituti di credito, non la funzione che le banche svolgono. Impara a utilizzare bene le banche, ed esse diventeranno un aiuto eccezionale.

Tornando a quanto è successo a mia zia, purtroppo lei è andata direttamente in banca senza le nozioni giuste, e la cosa è andata come doveva andare: *domanda sbagliata = investimento sbagliato*. Supponiamo invece che avesse chiesto un mio parere, e seguendo il consiglio avesse investito immobili. Sarebbe andata diversamente? Certamente sì!

Avrei fatto benissimo, allora come oggi, a consigliare gli immobili. Ti vado a chiarire subito il perché. Prendo ad esempio il solo capitale che la zia voleva investire, e che ammontava nel 1995 a 40 milioni di lire. In quel periodo, in Italia si avvertiva ancora l'eco di Tangentopoli, del 1992. Non c'era più la Prima Repubblica, ma già era pronta la Seconda, che sarebbe nata con nuove figure e altre prese sempre dallo stesso panorama politico.

Nel mondo intero soffiava un forte vento di crisi economica, che avrebbe influenzato tutti i settori e spaventato non poco la gente. Ma nonostante ciò, la vita andava avanti e tutti continuavano quasi come nulla fosse. Quindi, nonostante ci siano stati dei forti e accelerati cambiamenti a causa di circostanze apparentemente negative, il mercato immobiliare si è mosso e ha fatto arricchire molte persone, con ottimi affari.

Questo perché gli immobili resistono sempre a ogni bufera economica, addirittura incrementando sempre il loro valore. Ed è in questo scenario che la zia poteva inserirsi per fare un acquisto che le avrebbe dato grandi soddisfazioni economiche.

Allora, approfittiamone per esercitarci. Immaginiamo di tornare indietro nel tempo, e di acquistare per lei un appartamento del valore di 100.000.000 di vecchie lire, poiché questa era la moneta corrente. Poiché la somma a nostra disposizione è di soli 40.000.000, la differenza la prenderemo in banca accendendo un mutuo. Per andare incontro alle esigenze della zia, che diventa irascibile quando sente che deve pagare delle rate, la scelta deve cadere su un immobile occupato, in modo da pagare così le rate con i soldi dell'affitto.

REGOLA D'ORO: per creare un ottimo cashflow la rata dell'affitto deve essere più alta di quella del prestito.

Una volta che si è trovato l'immobile adatto, abbastanza ampio e occupato da un inquilino che paga regolarmente un canone di affitto, l'investimento può dirsi concluso. E stavolta lascio a te la briga di fare qualche calcolo anche approssimativo, per verificare la bontà di un simile investimento. Puoi servirti dei prospetti e dei relativi marcatori finanziari utilizzati negli esempi precedenti. Inoltre, puoi verificare nella tua zona i costi degli affitti rispetto al valore dell'immobile, e la relativa rata del mutuo.

Eviterò dunque il prospetto numerico, poiché è di notevole interesse evidenziare anche un altro aspetto di questo investimento. Ricordiamoci che è stato fatto in un periodo di mercato "al ribasso", quando tutti avrebbero – secondo la mentalità più diffusa – tenuto i soldi ben stretti in attesa di tempi migliori.

Poiché queste congiunture economiche sono una realtà, seppur rara nell'immobiliare, e quindi possono ripresentarsi, può esserti utile verificare perché investire anche quando c'è in atto una bufera economica. Ritorniamo allora all'appartamento acquistato per la zia nel lontano 1995. Quando, col tempo, la crisi economica sembrava superata, ecco che nel gennaio del 2001 entrava in vigore l'euro.

E per una strana legge del mercato è accaduto a chiunque possedeva dei conti in banca, o somme nascoste sotto la mattonella o nel materasso, di trovarsi improvvisamente con il capitale dimezzato. Non c'è stato alcun colpo di Stato, ringraziando il cielo, e neanche quello che è successo in Argentina, dove i conti correnti dei proprietari erano rimasti nella disponibilità delle banche ma non dei legittimi possessori. Eppure è andata a finire così.

Con l'euro chiunque aveva, come nel caso della zia, 40.000.000 di lire si è trovato in realtà a possedere *nominalmente* sempre la stessa cifra, ma con un potere d'acquisto dimezzato perché i 40.000.000, trasformati in 20.000 euro, non valevano più allo stesso modo. Quanto valgono 20.000 euro oggi? Il calcolo è facile e non lascia dubbi in proposito.

Ma con l'avvento dell'euro, quello che è stato per la moneta, è stato anche per gli immobili? Il valore di ogni singola casa si è forse dimezzato? No, anzi è avvenuto un autentico miracolo. Per accertarlo occorre spostarsi sul mercato degli immobili per vedere cosa gli è accaduto dopo l'ingresso dell'euro: gli immobili che costavano 100.000.000 di vecchie lire sono passati automaticamente a 100.000 euro.

Guadagnando in un sol mese, dal 31/12/2000 all'1/1/2001 un incremento del 100%. Se realmente la zia avesse investito i suoi 40.000.000 di vecchie lire nel mattone, e non in banca, **non avrebbe perso neppure un centesimo, ma avrebbe guadagnato alla grande!** E questo in un periodo in cui gli altri, per paura di perdere soldi, non avrebbero investito neanche in immobili. E, come puoi vedere, avrebbero sbagliato completamente.

Poiché l'investimento della zia, in barba ad ogni crisi economica, avrebbe riportato – al pari di tutti gli altri immobili che erano sul mercato – un ROI e un ROE da fare invidia ai più smaliziati maghi della finanza. E ti invito a esercitarti per vedere quanto avrebbe guadagnato. In conclusione, cosa ho voluto dimostrare?

- che non si devono temere crisi o congiunture economiche. Anche queste hanno sempre un lato positivo, anzi: positivo al massimo. Sono questi, oltre quelli soliti o normali, gli avvenimenti favorevoli ad ogni buon investitore. E chi agisce e investe in immobili corre l'unico rischio... di arricchirsi incredibilmente;
- quando gli altri vendono, l'investitore in gamba riflette e acquista;
- gli immobili rappresentano in ogni periodo, anche in quello di ribasso, il top tra gli investimenti, e non c'è crisi che tenga;
- nessun paragone, ai fini del rendimento, può esserci tra un investimento bancario e uno immobiliare.

Per concludere: quando ti viene proposto un investimento in banca che riguarda il tuo denaro – come abbiamo potuto constatare per quanto è accaduto a mia zia – ragiona sempre come un ricco, che non avrebbe mai investito con margini di guadagno così bassi. La zia purtroppo non l'ha fatto, e ha sbagliato. Inoltre, adesso sai che devi imparare a *chiedere* i soldi alla banca, e non a *darli.* Anche perché, così facendo, le banche diventeranno le tue migliori amiche.

Dopo che avrai letto il Riepilogo, ci sarà la lotta più difficile di tutta la tua vita… dovrai combattere contro il tuo peggior nemico: te stesso, le tue abitudini e le tue paure. Proprio perché vuoi cambiare la tua vita, adesso che hai la possibilità di farlo partendo dal nulla, fallo! Perché, come ti avevo già anticipato all'inizio dell'ebook, anche tu puoi diventare ricco con gli immobili partendo dal nulla.

Ricorda: nel mondo esistono solo due categorie di falliti: quelli che pensano troppo e non agiscono, e quelli che agiscono senza pensare. Impara a pensare da ricco. E agisci, perché il mondo dei ricchi attende solo chi si dà da fare. Ora ti racconterò quello che mi è accaduto in una rinomata località della costiera amalfitana, sperando che ciò ti aiuterà a prendere la giusta decisione per la tua vita.

RIEPILOGO DEL CAPITOLO 24:

- SEGRETO n. 1: gli immobili sono l'investimento più sicuro.
- SEGRETO n. 2: Per creare un ottimo cashflow la rata dell'affitto deve essere più alta di quella del prestito!
- SEGRETO n. 3: ricordati che è sbagliato il modo con il quale le persone interagiscono con gli istituti di credito, non la funzione che le banche svolgono; impara a utilizzarle bene ed esse diventeranno un aiuto eccezionale.
- SEGRETO n. 4: nel mondo esistono solo due categorie di falliti: quelli che pensano troppo e non agiscono, e quelli che agiscono senza pensare.
- SEGRETO n. 5: è giunta l'ora di iniziare a guadagnare con gli immobili, come molti altri già stanno facendo.

CAPITOLO 25:
Mr. Sorrento
(come sono diventato un immobiliarista)

Mi trovavo a Sorrento per affari. La villa nella quale fui ricevuto, era qualcosa di spettacolare. Il giardino immenso con palme e limoni affacciava sul mare. Ogni finestra del bow window (la parte terrazzata che funge da giardino d'inverno) era attorniata da roseti. C'era una grande scrivania su cui erano appoggiate delle cartelle, e ogni pila di pratiche era divisa per colore: c'erano quelle bianche, le blu e le grigie; così, ad occhio, ogni pila contava una trentina di cartelle. Altre pratiche erano poggiate su un tavolino tondo, poco distante dalla scrivania. Stavo ammirando i quadri alle pareti, tra cui un Caffè e un Monet.

Sentivo il proprietario parlare al telefono con qualcuno e infarcire con parole spagnole e inglesi il proprio italiano privo di ogni inflessione dialettale. Mi lasciavo attirare dai quadri, ma in realtà ero preso dai miei pensieri. L'avevo cercato più volte, perché all'epoca mi interessavo di mediazione immobiliare di lusso, e avevo da proporgli qualcosa che reputavo davvero interessante. Stavo lavorando da tempo su quest'affare e per me era un periodo molto difficile a casa: avevo molte spese, e questo mi portava a lavorare fino a notte tarda. Avevo addirittura accettato un secondo lavoro part time presso lo studio di un avvocato, che pensava solo a sfruttarmi. Ma io avevo un bisogno disperato di soldi. Ero talmente preso dai miei problemi che non mi accorsi dell'ingresso del padrone di casa.

Era un omone sul metro e novanta, corpulento nel suo vestito di lino bianco, con un'abbronzatura tipica da barca che gli faceva risaltare di più gli occhi chiari. Ero arrivato a lui perché sapevo che faceva operazioni immobiliari di un certo calibro ed era molto esperto nel settore. Se ne parlava come di un vero talento naturale, di uno che fiutava un affare prima ancora che fosse messo in piazza.

Si scusò per l'attesa: quando ero arrivato stava parlando al telefono con Madrid, dove aveva una delle sue sedi di affari. Mentre la domestica ci serviva il caffè. iniziai – giusto per rompere il ghiaccio – a complimentarmi per la magnifica casa e soprattutto per i quadri alle pareti, visto che avevo perso tanto tempo nel guardarli. Dopo i convenevoli venni al dunque, spiegandogli il motivo della mia visita: mi occorreva una villa di lusso nella sua zona. Avevo un cliente che era disposto a pagare subito sui due miliardi e mezzo, anche tre, per un immobile dal target elevato; non gli importava tanto l'ampiezza, quanto le rifiniture di un certo prestigio e la location. Non gli nascosi, che speravo di ricavare molto dall'affare, nel quale volevo che entrasse anche lui. E quindi, se avesse avuto notizia di qualcosa di simile nei dintorni, o di qualcuno che voleva vendere, la faccenda sarebbe stata più interessante per tutti.

Vedendogli accennare un sorrisetto mentre parlavo, mi ero illuso che la cosa gli interessasse. Ma non era così. Non avevo ancora realizzato con chi stavo parlando... Mi rispose, immediatamente di non aver tempo da dedicare a questo tipo di trattative. La sua attività era ben altra, e quando me lo spiegò finalmente capii.

La sua politica immobiliare consisteva nell'acquistare interi lotti di palazzi che si stavano edificando in zone turistiche, oppure rilevarne altri in città, e tutto non per il piacere di possedere, ma per farne un business. Più mi metteva al corrente dei suoi affari e più diventavo curioso... Mi chiedevo perché avesse lasciato cadere nel nulla la mia proposta così redditizia ed entusiasmante. Allora non era vero che i ricchi fanno ogni tipo di affare pur di fare soldi. Dovevo saperne di più per capire meglio...

Mi spiegò che la mia simpatica intraprendenza, il modo in cui gli avevo esposto il fatto, la mia voglia di fare lo avevano disposto favorevolmente nei miei confronti. Per questo motivo, l'affare lo reputava "in sospeso", ma più per far un piacere al giovane volenteroso che aveva appena incontrato che per se stesso. Lui trattava esclusivamente affari da 50 miliardi (di vecchie lire) in su. La sua scelta era orientata prevalentemente su immobili di altissimo prestigio, che i suoi collaboratori gli cercavano in ogni parte del mondo. Quindi, abitando sul posto e avendo ampie conoscenze, poteva permettersi di farmi guadagnare una sommetta da 50.000.000 delle vecchie lire. Disse proprio così: *sommetta*!

Chiamò in quel modo quelli che per me erano tantissimi soldi. Mi resi conto che non aveva ancora finito. E difatti pose dei limiti al tempo che poteva dedicare all'affare; secondo i suoi parametri quello giusto era una settimana. Quindi, nel giro di una settimana doveva saltare fuori il tipo di villa che cercavo, il mio cliente doveva trovarla di suo gradimento, e contemporaneamente doveva essere pronto a "sganciare" quasi 3.000.000.000 per l'acquisto, mentre lui l'avrebbe "semplicemente" **comprata e rivenduta** al mio cliente.

Era la proposta più impossibile che mi fosse mai stata fatta fino a quel momento. Mr. Sorrento, così mi venne di chiamarlo tra me e me, stava dando un calcio al mio affare. È vero che andavo sempre di fretta, ma anche per me non era possibile concludere in così breve tempo. Realizzai che avevo portato alla persona non adatta un'ottima proposta e che, se l'avessi fatta a un altro, come minimo mi avrebbe abbracciato dalla gioia.

Invece, mi trovavo di fronte a un *immobiliarista*, che non è affatto un *mediatore immobiliare*. Ma anzi era uno tra i più grandi immobiliaristi d'Europa. La differenza era così macroscopica che nuovi orizzonti mi si aprirono: **gli immobiliaristi non mediano, ma comprano.**

Non mi lasciai abbattere da come erano andate le cose, tanto l'affare l'avrei comunque proposto ad altri ricavandone quello che mi ero prefissato. O almeno era quello che speravo. Era interessante invece apprendere sulle sue capacità, e utilizzare al meglio il tempo che mi stava concedendo per esplorare un po' quel pianeta sconosciuto che mi aveva appena fatto intravedere: **la vera attività immobiliare**.

Era venuto il tempo di istruirmi. Così, delicatamente, gli chiesi se poteva accennarmi qualcosa. E allora egli mi parlò delle pratiche che aveva sulla scrivania: le prime due pile contenevano i documenti, le piantine e quant'altro fosse necessario per l'acquisto dei palazzi che aveva trattato e degli appartamenti che avrebbe ricavato e rivenduto. L'ultima pila di cartelle conteneva le planimetrie e altri documenti utili per edificare palazzi e ville che lui stesso stava facendo costruire.

Sul tavolino vicino alla scrivania, invece, erano appoggiate tutte le cessioni di aziende di fama internazionale delle quali stava gestendo la trattativa con il suo staff di legali, nonché di commercialisti. Trattandosi di affari diversi e dislocati in più parti del mondo, mi venne da chiedergli – e giustamente – come poteva cavarsela con le leggi sulla compravendita, sulle cessioni e sulle tasse. Perché va da sé che se c'è un lauto guadagno – e i suoi erano più che consistenti – altrettanto consistenti dovevano essere le tasse da pagare. Mi rispose che all'inizio della sua attività non aveva compreso appieno la necessità di circondarsi di persone competenti e che sapessero svolgere al meglio il lavoro; ma che dopo gli errori iniziali aveva scelto i migliori di ogni settore.

Tant'è vero che pagava volentieri le loro esose parcelle perché quelle somme innanzitutto erano costi che "scaricava", e nello stesso tempo i professionisti gli permettevano di guadagnare due volte... Questa proprio non l'avevo capita! Forse "scaricava" la stessa voce di spesa due volte? Vedendomi perplesso, si accorse che non avevo afferrato il concetto, per cui me lo chiarì ancora una volta. «Vedi», mi disse «la parcella di un architetto o la fattura di un fiscalista per me rappresentano delle uscite, e come tali le vado a riportare nella mia gestione contabile quando andrò a pagare le tasse. Come vedi i miei collaboratori sono il primo guadagno, perché sono soldi che risparmio. E il secondo guadagno consiste nel fatto che più sono bravi e più mi fanno guadagnare».

REGOLA D'ORO: pagare tanto e volentieri un buon professionista è il miglior modo che la legge ti permette per guadagnare di più e spendere meno.

Continuò dicendo: «Inoltre, poiché non voglio interessarmi di cose che potrebbero distogliermi dalle mie occupazioni principali – che sono gli affari immobiliari – vedendo all'opera i miei consulenti ho acquisito fiducia nella loro grande professionalità ed esperienza. Questo mi ha permesso di delegare loro tutto il settore fiscale e tecnico, lasciandomi libero di agire». Adesso mi era tutto chiaro.

Tutti, mi disse, erano diventati ancora più esperti, dovendo necessariamente conoscere le leggi che regolavano le cessioni o le compravendite nei vari posti. Ma, soprattutto, dovevano istruirsi, aggiornarsi ed eccellere in quel particolare settore che erano le imposte e tasse… Improvvisamente, iniziò a suonare il cellulare e interrompemmo la nostra chiacchierata.

Alzandosi dalla poltrona, con calma, Mr. Sorrento si allontanò per rispondere. Dopo qualche minuto rientrò, e mi disse che aveva ricevuto da Madrid la risposta che stava aspettando. Doveva partire immediatamente. Mentre me lo riferiva, compresi che la nostra chiacchierata era ormai finita. Fui preso dal dispiacere, perché probabilmente un uomo del suo calibro non lo avrei più rivisto. Inoltre, oramai le ultime speranze di pagare le mie spese di casa sembravano svanire. Ero totalmente giù di morale e mentre ero assorto nei miei pensieri iniziai a sentirmi osservato…

Era lui… Mr. Sorrento mi osservava come se stesse cercando di percepire le mie emozioni. Istintivamente alzai lo sguardo e i nostri occhi si incrociarono. Per un attimo mi sentii completamente indifeso ma continuai a fissarlo. Stavo per alzarmi e ringraziarlo del tempo che mi aveva dedicato, prima di andar via. Ma lui, mentre allungavo la mano, con voce decisa e sicura mi disse: «Mettiamo in chiaro una cosa: l'affare che mi hai proposto non mi interessa minimamente, però non posso negare che la tua grinta mi ha colpito. Non sei nessuno, ma hai avuto il coraggio di insistere per venire da me a propormi un affare. Nei tuoi occhi vedo la stessa determinazione e voglia di emergere che avevo io quando ero giovane. Te lo propongo una sola volta: vieni con me a Madrid e continueremo la nostra chiacchierata. Si parte tra due ore».

Dovevo solo rispondere *sì* o *no*. Quelli sono stati attimi irripetibili. Ero di fronte a un bivio: potevo tornare a casa e continuare a fare la solita vita, oppure potevo afferrare quell'opportunità e decidere del mio destino. Secondo te qual è stata la mia scelta?

Ricorda che quest'occasione è soltanto frutto della volontà di migliorare, e ogni giorno chi è realmente deciso a costruire il proprio destino incontra quest'opportunità sulla propria strada. Anche a te, se prenderai in mano la tua vita e comincerai a dedicarti all'immobiliare, capiterà di incontrare il "tuo bivio". Sono occasioni che ti arriveranno di sicuro, perché te le sei "cercate". E se ti dovesse servire un Mr. Sorrento, puoi sempre contattarmi, sono a tua disposizione. Ricorda: il mondo immobiliare, attende solo che tu ti dia da fare.

Milionari non si nasce, si diventa.

Fallo anche tu

www.rasoconsulting.it

31-3-2009 GAZZETTA UFFICIALE DELLA REPUBBLICA ITALIANA Serie generale - n. 75

Allegato A

RILEVAZIONE DEI TASSI DI INTERESSE EFFETTIVI GLOBALI MEDI AI FINI DELLA LEGGE SULL'USURA (*)

MEDIE ARITMETICHE DEI TASSI SULLE SINGOLE OPERAZIONI DELLE BANCHE E DEGLI INTERMEDIARI FINANZIARI NON BANCARI, CORRETTE PER LA VARIAZIONE DEL VALORE MEDIO DEL TASSO APPLICATO ALLE OPERAZIONI DI RIFINANZIAMENTO PRINCIPALI DELL'EUROSISTEMA

PERIODO DI RIFERIMENTO DELLA RILEVAZIONE: 1° OTTOBRE - 31 DICEMBRE 2008

APPLICAZIONE DAL 1° APRILE FINO AL 30 GIUGNO 2009

CATEGORIE DI OPERAZIONI	*CLASSI DI IMPORTO* *in unità di euro*	*TASSI MEDI* *(su base annua)*
APERTURE DI CREDITO IN CONTO CORRENTE (1)	fino a 5.000	11,79
	oltre 5.000	8,62
ANTICIPI, SCONTI COMMERCIALI E ALTRI FINANZIAMENTI ALLE IMPRESE EFFETTUATI DALLE BANCHE (2)	fino a 5.000	6,48
	oltre 5.000	5,65
FACTORING (3)	fino a 50.000	6,52
	oltre 50.000	5,46
CREDITI PERSONALI E ALTRI FINANZIAMENTI ALLE FAMIGLIE EFFETTUATI DALLE BANCHE (4)		9,03
ANTICIPI, SCONTI COMMERCIALI, CREDITI PERSONALI E ALTRI FINANZIAMENTI EFFETTUATI DAGLI INTERMEDIARI NON BANCARI (5)	fino a 5.000	14,08
	oltre 5.000	10,58
PRESTITI CONTRO CESSIONE DEL QUINTO DELLO STIPENDIO (6)	fino a 5.000	12,97
	oltre 5.000	8,97
LEASING	fino a 5.000	12,10
	oltre 5.000 fino a 25.000	8,55
	oltre 25.000 fino a 50.000	7,45
	oltre 50.000	6,28
CREDITO FINALIZZATO ALL'ACQUISTO RATEALE E CREDITO *REVOLVING* (7)	fino a 5.000	15,75
	oltre 5.000	9,70
MUTUI CON GARANZIA IPOTECARIA (8):		
- A TASSO FISSO		4,42
- A TASSO VARIABILE		4,58

AVVERTENZA: AI FINI DELLA DETERMINAZIONE DEGLI INTERESSI USURARI AI SENSI DELL'ART. 2 DELLA LEGGE N.108/96, I TASSI RILEVATI DEVONO ESSERE AUMENTATI DELLA METÀ.

(*) Per i criteri di rilevazione dei dati e di compilazione della tabella si veda la nota metodologica allegata al Decreto; per la definizione delle voci riportate nella tabella si veda l'Allegato A al medesimo decreto. - I tassi non comprendono la commissione di massimo scoperto che, nella media delle operazioni rilevate, si ragguaglia a 0,66 punti percentuali.

Legenda delle categorie di operazioni

(Decreto del Ministero dell'Economia e delle Finanze del 23.9.2008; Istruzioni applicative della Banca d'Italia e dell'Ufficio italiano dei cambi)

(1) Aperture di credito in conto corrente con e senza garanzia.

(2) Banche: finanziamenti per anticipi su crediti e documenti - sconto di portafoglio commerciale; altri finanziamenti a breve e a medio e lungo termine alle unità produttive private.

(3) Factoring: anticipi su crediti acquistati e su crediti futuri.

(4) Banche: crediti personali, a breve e a medio e lungo termine; altri finanziamenti alle famiglie di consumatori, a breve e a medio e lungo termine.

(5) Intermediari finanziari non bancari: finanziamenti per anticipi su crediti e documenti - sconto di portafoglio commerciale; crediti personali, a breve e a medio e lungo termine; altri finanziamenti a famiglie di consumatori e a unità produttive private, a breve e a medio e lungo termine.

(6) Prestiti contro cessione del quinto dello stipendio; i tassi si riferiscono ai finanziamenti erogati ai sensi del D.P.R. n. 180 del 1950 o secondo schemi contrattuali ad esso assimilabili.

(7) Credito finalizzato all'acquisto rateale di beni di consumo; credito revolving e con utilizzo di carte di credito.

(8) Mutui con durata superiore a cinque anni.

31-3-2009 GAZZETTA UFFICIALE DELLA REPUBBLICA ITALIANA *Serie generale* - n. 75

RILEVAZIONE DEI TASSI DI INTERESSE EFFETTIVI GLOBALI MEDI AI FINI DELLA LEGGE SULL'USURA

Nota metodologica

La legge 7 marzo 1996, n. 108, volta a contrastare il fenomeno dell'usura, prevede che siano resi noti con cadenza trimestrale i tassi effettivi globali medi, comprensivi di commissioni, spese e remunerazioni a qualsiasi titolo connesse col finanziamento, praticati dalle banche e dagli intermediari finanziari.

Il decreto del Ministero dell'Economia e delle Finanze del 23 settembre 2008, pubblicato nella Gazzetta Ufficiale n. 228 del 29 settembre 2008, ha ripartito le operazioni di credito in categorie omogenee attribuendo alla Banca d'Italia il compito di rilevare i tassi.

La rilevazione dei dati per ciascuna categoria riguarda le medie aritmetiche dei tassi praticati sulle operazioni censite nel trimestre di riferimento. Essa è condotta per classi di importo; limitatamente a talune categorie è data rilevanza alla durata, all'esistenza di garanzie e alla natura della controparte. Non sono incluse nella rilevazione alcune fattispecie di operazioni condotte a tassi che non riflettono le condizioni del mercato (ad es. operazioni a tassi agevolati in virtù di provvedimenti legislativi).

Per le operazioni di "credito personale", "credito finalizzato", "leasing", "mutuo", "altri finanziamenti" e "prestiti contro cessione del quinto dello stipendio" i tassi rilevati si riferiscono ai rapporti di finanziamento accesi nel trimestre; per esse è adottato un indicatore del costo del credito analogo al TAEG definito dalla normativa comunitaria sul credito al consumo. Per le "aperture di credito in conto corrente", il "credito revolving e con utilizzo di carte di credito", gli "anticipi su crediti e sconto di portafoglio commerciale" e il "factoring" - i cui tassi sono continuamente sottoposti a revisione - vengono rilevati i tassi praticati per tutte le operazioni in essere nel trimestre, computati sulla base dell'effettivo utilizzo.

La commissione di massimo scoperto non è compresa nel calcolo del tasso ed è oggetto di autonoma rilevazione e pubblicazione nella misura media praticata.

La rilevazione interessa l'intero sistema bancario e il complesso degli intermediari finanziari iscritti nell'elenco previsto dall'articolo 107 del Testo unico bancario.

I dati relativi agli intermediari finanziari iscritti nell'elenco di cui all'articolo 106 del medesimo testo unico sono stimati sulla base di una rilevazione campionaria. Nella costruzione del campione si tiene conto delle variazioni intervenute nell'universo di riferimento rispetto alla precedente rilevazione. La scelta degli intermediari presenti nel campione avviene per estrazione casuale e riflette la distribuzione per area geografica. Mediante opportune tecniche di stratificazione dei dati, il numero di operazioni rilevate viene esteso all'intero universo attraverso l'utilizzo di coefficienti di espansione, calcolati come rapporto tra la numerosità degli strati nell'universo e quella degli strati del campione.

La Banca d'Italia procede ad aggregazioni tra dati omogenei al fine di agevolare la consultazione e l'utilizzo della rilevazione. Le categorie di finanziamento sono definite considerando l'omogeneità delle operazioni evidenziata dalle forme tecniche adottate e dal livello dei tassi di mercato rilevati.

La tabella - che è stata definita sentita la Banca d'Italia - è composta da 19 tassi che fanno riferimento alle predette categorie di operazioni.

Le classi di importo riportate nella tabella sono aggregate sulla base della distribuzione delle operazioni tra le diverse classi presenti nella rilevazione statistica; lo scostamento dei tassi aggregati rispetto al dato segnalato per ciascuna classe di importo è contenuto. A decorrere dal decreto trimestrale del 19 dicembre 2008, per la categoria "credito finalizzato all'acquisto rateale e credito revolving", è stato eliminato il dettaglio delle operazioni "fino a 1.500 euro", per uniformità rispetto alle altre operazioni *retail* e tenuto conto della sostanziale omogeneità dei tassi medi con la classe successiva ("da 1.500 a 5.000 euro").

I mercati nei quali operano le banche e gli intermediari finanziari si differenziano talvolta in modo significativo in relazione alla natura e alla rischiosità delle operazioni. Per tenere conto di tali specificità, alcune categorie di operazioni sono evidenziate distintamente per le banche e gli intermediari finanziari.

Data la metodologia della segnalazione, i tassi d'interesse bancari riportati nella tabella differiscono da quelli rilevati dalla Banca d'Italia nell'ambito delle statistiche dei tassi armonizzati e di quelle della Centrale dei rischi, orientate ai fini dell'analisi economica e dell'esame della congiuntura. Queste rilevazioni si riferiscono a campioni, tra loro diversi, di banche; i tassi armonizzati non sono comprensivi degli oneri accessori e sono ponderati con l'importo delle operazioni; i tassi della Centrale dei rischi si riferiscono alle operazioni di finanziamento di importo superiore a 75000,00 euro.

Secondo quanto previsto dalla legge, i tassi medi rilevati vengono corretti in relazione alla variazione del valore medio del tasso ufficiale di sconto nel periodo successivo al trimestre di riferimento. A decorrere dal 1 gennaio 2004, si fa riferimento alle variazioni del tasso applicato alle operazioni di rifinanziamento principali dell'Eurosistema determinato dal Consiglio direttivo della Banca Centrale Europea, la cui misura sostituisce quella della cessata ragione normale dello sconto.

Dopo aver aumentato i tassi della metà, così come prescrive la legge, si ottiene il limite oltre il quale gli interessi sono da considerarsi usurari.

§ § §

Rilevazione degli interessi di mora

Nell'anno 2002 la Banca d'Italia e l'Ufficio italiano dei cambi hanno proceduto a una rilevazione statistica riguardante la misura media degli interessi di mora stabiliti contrattualmente. La rilevazione ha riguardato un campione di banche e di società finanziarie individuato sulla base della distribuzione territoriale e della ripartizione tra le categorie istituzionali.

In relazione ai contratti accesi nel terzo trimestre del 2001 sono state verificate le condizioni previste contrattualmente; per le aperture di credito in conto corrente sono state rilevate le condizioni previste nei casi di revoca del fido per tutte le operazioni in essere. In relazione al complesso delle operazioni, il valore della maggiorazione percentuale media è stato posto a confronto con il tasso medio rilevato.

Allegato B

FAC SIMILE DI UN

CONTRATTO PRELIMINARE DI COMPRAVENDITA

TRA

....

....

....

in seguito denominat..... "Parte promittente la vendita"

ALLE SEGUENTI CONDIZIONI

1. PREZZO E MODALITÀ DI PAGAMENTO: il prezzo che "Parte promittente l'acquisto si obbliga a pagare nei modi e nei termini che seguono, viene convenuto ed accettato tra le parti nella somma complessiva di

EURO.. di cui:

a) EURO...
versate alla firma della presente a titolo di caparra confirmatoria, che "Parte promittente la vendita" dichiara di ricevere e con la firma della presente ne rilascia ampia quietanza salvo il buon fine dei titoli versati;

7. POSSESSO: il possesso utile ed oneroso decorrerà a favore di "Parte promittente l'acquisto" dalla data dell'atto notarile.

8. ATTO NOTARILE: L'atto notarile verrà redatto entro il presso lo Studio Notarile a seguito convocazione delle parti a cura dello stesso.

9. Il presente contratto è novativo rispetto a tutte le obbligazioni precedentemente intercorse.

VENDITA SENZA INCANTO (Offerta persona fisica)

TRIBUNALE DI ROMA **Allegato C**

IV SEZIONE CIVILE

OFFERTA DI ACQUISTO

PROCEDURA ESECUTIVA N.R.G.E.I.[1] ____________

GIUDICE DELL'ESECUZIONE DOTT./SSA[2] ____________

LOTTO N.[3] ____________ UDIENZA DEL[4] ____________

Il sottoscritto [5] ____________
nato a ____________ (__) il ____________, residente in ____________ (___), via ____________ n. ___,
tel: ____________ fax: ____________ cell: ____________

codice fiscale: ____________

Stato civile: ❑[6] libero ❑ coniugato

❑[7] in comunione legale dei beni con[8] ____________ nato/a a ____________ (__) il ____________ e residente in[9] ____________ (__)

codice fiscale: ____________

OFFRE

❑[10] per sé ❑[11] per persona da nominare

❑[12] quale procuratore speciale di

1)[13] ____________ C.F.:[14] ____________

2)[13] ____________ C.F.:[14] ____________

3)[13] ____________ C.F.:[14] ____________

4)[13] ____________ C.F.:[14] ____________

5)[13] ____________ C.F.:[14] ____________

per atto Notaio[15] ____________ del[16] ____________ Rep.[17] ____________

la somma di € ____________

(€ ____________**)**

per l'acquisto del seguente immobile:[18] ____________

❑ Dichiara che in caso di aggiudicazione provvederà al versamento del saldo prezzo e di quanto necessario a titolo di spese entro il termine massimo del ____________;[19]

❑[20] Dichiara che, per il pagamento del saldo prezzo e di quanto necessario all'assolvimento degli oneri fiscali conseguenti alla registrazione, trascrizione e voltura del decreto di trasferimento, intende fare ricorso ad un contratto bancario di finanziamento;

VENDITA SENZA INCANTO (Offerta persona fisica)
❑[21] Dichiara che intende proporre offerta unitamente a ______________________________
____
di cui allega le offerte;
Dichiara di aver preso visione della relazione di stima;
Roma,

Firma

ALLEGA

fotocopia del proprio documento di identità;

assegno circolare non trasferibile intestato a "Tribunale Ordinario di Roma, Settore Esecuzioni Immobiliari" per l'importo di €__________________ pari al 10 per cento del prezzo offerto

procura speciale del ____________ (Rep. ______________);

Offerta di acquisito di ______________________________;

Offerta di acqusito di ______________________________;

Offerta di acqusito di ______________________________;

Offerta di acqusito di ______________________________;

Offerta di acqusito di ______________________________;

____
____
____
____
____
____
____
____

[1]**ATTENZIONE: il presente modulo deve essere inserito unitamente agli allegati in una busta chiusa all'estenro della quale deve essere indicato, esclusivamente, il Nome del Giudice dell'esecuzione e la data fissata per la vendita senza incanto.**

ISTRUZIONI PER LA COMPILAZIONE DELL'OFFERTA D?ACQUSITO

Indicare il numero di ruolo della procedura esecutiva.

[2] Indicare il nome del giudice dell'esecuzione.

[3] Indicare il numero o la lettera con cui è indicato nell'ordinanza di vendita il lotto per cui si intende proporre l'offerta d'acquisto. Lasciare in bianco se si tratta di unico lotto.

[4] Indicare la data dell'udienza in cui si terrà la vendita.

[5] Indicare il COGNOME ed il NOME dell'offerente.

[6] Barrare la casella se celibi, nubili, legalmente separati, divorziati o vedovi;

[7] Barrare la casella e compilare i campi del riquadro nella sola ipotesi in cui l'offerente sia coniugato in regime patrimoniale di comunione legale dei beni.

[8] Indicare il Cognome ed il Nome del coniuge.

[9] Indicare esclusivamente il comune di residenza del coniuge.

[10] Barrare la casella se l'offerta è fatta in proprio.

[11] Barrare la casella se l'offerta è fatta per persona da nominare.

[12] Barrare la casella e compilare i campi del riquadro se si presente offerta in nome e per conto di terzi.

[13] Indicare il COGNOME ed il NOME del soggetto in rappresentanza del quale si propone offerta.

[14] Indicare il Codice Fiscale del soggetto in rappresentanza del quale si propone offerta.

[15] Indicare il Cognome ed il Nome del Notaio che ha redatto la procura speciale o autenticato le firme ad essa apposte.

[16] Indicare la data dell'atto notarile o dell'autentica della firma;

[17] Indicare il numero di Repertorio dell'atto notarile.

[18] Riportare sinteticamente la descrizione dell'immobile (possibilmente con l'indicazione dei dati catastali).

[19] Indicare la data entro la quale ci si obbliga, in caso di aggiudicazione, a versare il saldo prezzo e l'importo necessario alle spese di registrazione, trascrizione e voltura del decreto di trasferimento. **ATTENZIONE**: tale termine non potrà comunque essere superiore a 60 giorni dalla data fissata per la vendita.

[20] Barrare la casella se si ha intenzione di ricorre da un contratto di mutuo garantito da ipoteca di primo grado sull'immobile posto in vendita;

[21] Barrare la casella se si propone offerta unitamente ad altri soggetti. All'offerta dovranno essere allegate altrettante offerte d'acquisto sottoscritte da tutti i soggetti che intendo acquistare il bene.

Allegato D

ESEC. IMM. N. 146/2002 G.E. Dott.ssa Barreca vendita senza incanto 18/06/2009 ore 10,30 – LOTTO UNICO: APPARTAMENTO IN Roma CON ACCESSO PEDONALE DA VIA CORNELIA, c.n. 284 E CARRABILE c.n. 282, INT. 2, SU DUE PIANI, (piano terreno e primo) CON ANNESSA AREA CORTILIZIA DI MQ. 106,00, COMPOSTO DA SOGGIORNO CON ANGOLO COTTURA E BAGNO (al piano terreno), INGRESSO, DUE CAMERE, BAGNO E DUE BALCONI (al piano primo), SUPERFICIE COMMERCIALE MQ. 109,56, CENSITO AL N.C.E.U. AL FOGLIO 349, PART.LLA 2521, SUB. 9 (appartamento) e 2 (area cortilizia), CATEG. A/3 CL. 2 VANI 4 , **Prezzo base Euro 310.000,00 offerta minima in aumento Euro 10.000,00.**

Presentazione offerte in busta chiusa entro le **ore 12:30** del giorno lavorativo precedente la vendita senza incanto presso il Tribunale di Roma, tutte le buste verranno aperte lo stesso giorno della vendita alle ore 9,30. Info. Cancelleria Tribunale di Roma Viale Giulio Cesare, 54/b - Custode Giudiziario Dott.ssa Laura Carosi Tel 06/50.52.41.99 – 06/50.52.42.01 – Fax 06/50.52.43.39, www.astegiudiziarie.it .Num. verde 848582031

Allegato E

ORDINANZA DI VENDITA

TRIBUNALE DI ROMA

IV SEZIONE CIVILE

PROCEDURA N _146/2002_ R.O.E.

ALLEGATO AL VERBALE DELL'UDIENZA DEL _14/10/2008_

ORDINANZA DI VENDITA

IL GIUDICE DELL'ESECUZIONE

- preliminarmente conferma la nomina conferita al custode – delegato

LAURA CAROSI

*Telefono*______ *Fax*______ *email*______@______

ASSEGNA

Cui assegna l'ulteriore somma di € 6000,00 a titolo di acconto sulle spese che pone provvisoriamente a carico (come spesa rimborsabile in prededuzione ex art.2770 c.c.) solidale di tutti i creditori muniti di titolo esecutivo; [redacted]

PRECISA

- che, qualora i creditori pignoranti od intervenuti muniti di titolo esecutivo non abbiano fatto pervenire al custode delegato, almeno 5 mesi prima della data fissata per la vendita (anche via fax) apposita comunicazione con cui si chiede di non dare impulso alla procedura di vendita, quest'ultimo potrà procedere al compimento delle necessarie formalità pubblicitarie ordinando la spesa in nome e per conto dei creditori muniti di titolo esecutivo che non abbiano rinunciato agli atti della procedura esecutiva e che, in tale caso, i concessionari incaricati delle pubblicità procederanno autonomamente al recupero delle somme dovute; [redacted]

dato atto di quanto sopra:

- riscontrata la completezza della documentazione depositata;
- verificata la regolarità degli avvisi
- visti gli artt.569 e ss. c.p.c.;

DISPONE

che il compendio pignorato di seguito sia posto in vendita **SENZA INCANTO** nei lotti appresso indicati ad un prezzo non inferiore a:

€ 310.000,00	per il 1° lotto	€	per il 4° lotto
€	per il 2° lotto	€	per il 5° lotto
€	per il 3° lotto	€	per il 6° lotto

FISSA

l'udienza per la deliberazione sull'offerta e per l'eventuale gara tra gli offerenti ai sensi dell'art.573 c.p.c. per il giorno 18/6/09 ore 10.30, precisando sin d'ora che tutte le buste verranno aperte lo stesso giorno alle ore 9:30;

DISPONE per il caso in cui la vendita senza incanto non abbia esito positivo, che il medesimo compendio immobiliare sia venduto **ALL' INCANTO** e **RISERVA**, all'esito della esperimento della vendita senza incanto, la fissazione della data di vendita con incanto.

STABILISCE

per il caso in cui venga disposta la gara tra gli offerenti ex art.573 c.p.c. e nell'ipotesi in cui si debba procedere alla vendita con incanto, che ciascuna offerta in aumento non potrà essere inferiore a:

€	per il 1° lotto	€	per il 4° lotto
€	per il 2° lotto	€	per il 5° lotto
€	per il 3° lotto	€	per il 6° lotto

DETERMINA

le seguenti modalità di presentazione delle offerte e di svolgimento delle procedure di vendita con o senza incanto.

- A -

DISCIPLINA DELLA VENDITA **SENZA** INCANTO
(MODALITÀ DI PRESENTAZIONE DELLE OFFERTE E ALTRE DISPOSIZIONI)

1) nel caso di **vendita senza incanto**, le offerte di acquisto dovranno essere presentate in busta chiusa presso la Cancelleria del Tribunale di Roma (ufficio depositi giudiziari – Viale Giulio Cesare 54/b) entro le ore 12,30 del giorno precedente la data fissata per il loro esame e per la vendita, **ad eccezione del sabato**. Sulla busta dovrà essere indicato **ESCLUSIVAMENTE** il nome di chi deposita materialmente l'offerta (che può anche essere persona diversa dall'offerente), il nome del giudice titolare della procedura e la data della vendita. **Nessuna altra indicazione, né nome delle parti, né numero della procedura, né il bene per cui è stata fatta l'offerta, né l'ora della vendita o altro, deve essere apposta sulla busta;**
2) l'offerta dovrà contenere:
   a. il cognome, il nome, il luogo, la data di nascita, il codice fiscale, il domicilio, lo stato civile, ed il recapito telefonico del soggetto cui andrà intestato l'immobile (**non sarà possibile intestare l'immobile a soggetto diverso da quello che sottoscrive l'offerta**). Se l'offerente è coniugato in regime di comunione legale dei beni, dovranno essere indicati anche i corrispondenti dati del coniuge. Se l'offerente è minorenne, l'offerta dovrà essere sottoscritta dai genitori previa autorizzazione del giudice tutelare;
   b. i dati identificativi del bene per il quale l'offerta è proposta;
   c. **l'indicazione del prezzo offerto che non potrà essere inferiore, a pena di inefficacia, al prezzo minimo indicato nella presente ordinanza;**
   d. il termine di pagamento del prezzo e degli oneri tributari che non potrà **comunque essere superiore a 60 giorni dalla data di aggiudicazione;**
   e. l'espressa dichiarazione di aver preso visione della perizia di stima;
3) qualora siano posti in vendita nella medesima procedura ed alla stessa data più beni simili (ad esempio: box, posti auto, cantine), si potrà fare una unica offerta valida per più lotti dichiarando però di volerne acquistare uno solo. In tal caso l'aggiudicazione di uno dei lotti non rende obbligatorio l'acquisto degli altri. Qualora i lotti omogenei abbiano prezzi differenti, l'offerta non potrà essere inferiore al prezzo più alto;
4) all'offerta dovrà essere allegata una fotocopia del documento di identità dell'offerente, nonché un **assegno bancario circolare non trasferibile** intestato a "Tribunale di Roma – Settore esecuzioni immobiliari" per un importo pari al **10 per cento del prezzo offerto**, a titolo di cauzione, che sarà trattenuta in caso di rifiuto dell'acquisto. Ove l'offerta riguardi più lotti ai sensi del numero precedente, potrà versarsi una sola cauzione, determinata con riferimento al lotto di maggior prezzo;
5) salvo quanto previsto dall'art.571 c.p.c., l'offerta presentata nella vendita senza incanto è irrevocabile. **Si potrà procedere all'aggiudicazione al maggior offerente anche qualora questi non compaia il giorno fissato per la vendita.**

6) l'aggiudicatario è tenuto al pagamento degli oneri tributari conseguenti all'acquisto del bene. Il relativo importo sarà comunicato successivamente all'aggiudicazione dal custode-delegato ed il relativo pagamento dovrà essere effettuato entro il medesimo termine fissato per il saldo del prezzo;
7) salvo quanto disposto nel successivo punto n. 8, l'importo del prezzo di aggiudicazione (dedotta la cauzione prestata) e delle spese, dovranno essere versati, entro il termine indicato nell'offerta, mediante deposito presso la Cancelleria di due assegni bancari circolari non trasferibili, intestati a "Tribunale di Roma – Settore esecuzioni immobiliari";
8) ove l'immobile sia gravato da ipoteca iscritta a garanzia di mutuo concesso ai sensi del T.U. 16 luglio 1905, n. 646, richiamato dal D.P.R. 21 gennaio 1976 n. 7 ovvero ai sensi dell'art. 38 del Decreto legislativo 10 settembre 1993 n. 385, l'aggiudicatario dovrà versare direttamente all'Istituto mutuante, ai sensi dell'art. 41 del Decreto Legislativo, nel termine indicato nell'offerta, la parte del prezzo corrispondente al credito dell'Istituto per capitale, interessi, accessori e spese di procedura, nonché depositare l'eventuale residuo con le modalità già indicate; entro i 10 giorni successivi al pagamento, l'aggiudicatario dovrà consegnare al custode l'originale della quietanza rilasciata dall'istituto di credito;
9) in caso di mancato versamento del saldo prezzo entro il termine indicato nell'offerta, l'aggiudicazione sarà revocata e sarà disposto l'incameramento della cauzione;
10) le buste saranno aperte, alla presenza degli offerenti, all'udienza ed all'ora indicate nella presente ordinanza di vendita; qualora per l'acquisito del medesimo bene siano state proposte più offerte valide, si procederà a gara sulla base della offerta più alta; nel corso di tale gara ciascuna offerta in aumento, da effettuarsi nel termine di sessanta secondi dall'offerta precedente, non potrà essere inferiore a quanto sopra indicato per l'ipotesi di vendita con incanto; il bene verrà definitivamente aggiudicato a chi avrà effettuato il rilancio più alto. Se la gara non può avere luogo per mancanza di adesioni degli offerenti, il giudice può disporre la vendita a favore del maggiore offerente oppure ordinare l'incanto. Qualora le due maggiori offerte siano per lo stesso prezzo, ove gli offerenti non aderiscano alla gara proponendo almeno un rialzo, sarà senz'altro ordinato l'incanto.
11) in caso di aggiudicazione a seguito di gara tra gli offerenti ex art.173 c.p.c., il termine per il deposito del saldo del prezzo e delle spese sarà comunque quello indicato nell'offerta dall'aggiudicatario;
12) nella vendita senza incanto non verranno prese in considerazione offerte pervenute dopo la conclusione della gara, neppure se il prezzo offerto fosse superiore di oltre un quinto a quello di aggiudicazione;
13) qualora l'aggiudicatario, per il pagamento del saldo prezzo faccia ricorso ad un contratto bancario di finanziamento con concessione di ipoteca di primo grado sull'immobile acquistato, le somme dovranno essere erogate nel termine fissato per il versamento del saldo prezzo, direttamente dall'istituto di credito mutuante con le modalità indicate dalla Cancelleria mediante consegna di un assegno bancario circolare non trasferibile intestato a "Tribunale di Roma – Settore esecuzioni immobiliari". Unitamente all'assegno, il medesimo istituto di credito dovrà anche consegnare al custode-delegato l'atto di assenso ad iscrizione di ipoteca con la relativa nota di iscrizione. Contestualmente alla presentazione del decreto sottoscritto per la trascrizione, il custode-delegato presenterà al Conservatore anche la nota di iscrizione di ipoteca. Conformemente a quanto previsto dall'art. 585 ultimo comma c.p.c. il custode-delegato nel predisporre il decreto di trasferimento da sottoporre alla firma del Giudice dell'esecuzione inserirà la seguente dizione "*rilevato che il pagamento di parte del prezzo relativo al trasferimento del bene oggetto del presente decreto è avvenuto mediante erogazione della somma di €***** da parte di **** a fronte del contratto di mutuo a rogito **** del **** rep.*** e che le parti mutuante e mutuataria hanno espresso il consenso all'iscrizione di ipoteca di primo grado a garanzia del rimborso del predetto finanziamento, si rende noto che, conformemente a quanto disposto dall'art.585 c.p.c., è fatto divieto al Conservatore dei RR.II. di trascrive il presente decreto se non unitamente all'iscrizione dell'ipoteca di cui all'allegata nota*". In caso di revoca dell'aggiudicazione le somme erogate saranno restituite direttamente all'istituto di credito mutuante senza aggravio di spese per la procedura.

- B -

DISCIPLINA DELLA VENDITA CON INCANTO

(MODALITÀ DI PRESENTAZIONE DELLE OFFERTE E ALTRE DISPOSIZIONI)

ORDINANZA DI VENDITA

1) ogni offerente, per poter essere ammesso all'incanto, dovrà depositare presso la Cancelleria del Tribunale di Roma (ufficio depositi giudiziari – Viale Giulio Cesare 54/b), entro le ore 12,30 del giorno precedente a quello fissato per l'incanto, **ad eccezione del sabato**, la domanda di partecipazione corredata di un assegno bancario non trasferibile intestato a "Tribunale Ordinario di Roma – Settore esecuzioni immobiliari", di importo pari al 10% del prezzo base d'asta a titolo di cauzione;

2) la domanda di partecipazione dovrà contenere:
   a. il cognome, il nome, il luogo, la data di nascita, il codice fiscale, il domicilio, lo stato civile, ed il recapito telefonico del soggetto cui andrà intestato l'immobile. Se l'offerente è coniugato in regime di comunione legale dei beni, dovranno essere indicati anche i corrispondenti dati del coniuge. Se l'offerente è minorenne, l'offerta dovrà essere sottoscritta dai genitori previa autorizzazione del giudice tutelare;
   b. i dati identificativi del bene per il quale l'offerta è proposta;
   c. l'espressa dichiarazione di aver preso visione della perizia di stima;

3) l'aggiudicatario è tenuto al pagamento degli oneri tributari conseguenti all'acquisto del bene. Il relativo importo sarà comunicato successivamente all'aggiudicazione dal custode-delegato incaricato di ricevere il saldo del prezzo ed il relativo pagamento dovrà essere effettuato entro il medesimo termine fissato per il saldo del prezzo;

4) salvo quanto disposto nel successivo punto 5, l'importo del prezzo di aggiudicazione (dedotta la cauzione prestata) e delle spese, dovranno essere versati, entro il termine di **sessanta giorni** dall'aggiudicazione (settanta giorni dall'incanto), mediante due assegni bancari circolari non trasferibili, intestati a "Tribunale di Roma – Settore esecuzioni immobiliari";

5) ove l'immobile sia gravato da ipoteca iscritta a garanzia di mutuo concesso ai sensi del T.U. 16 luglio 1905, n. 646, richiamato dal D.P.R. 21 gennaio 1976 n. 7 ovvero ai sensi dell'art. 38 del Decreto legislativo 10 settembre 1993 n. 385, l'aggiudicatario dovrà versare direttamente all'Istituto mutuante, ai sensi dell'art. 41 del Decreto Legislativo, nel termine indicato nell'offerta, la parte del prezzo corrispondente al credito dell'Istituto per capitale, interessi, accessori e spese di procedura, nonché depositare l'eventuale residuo con le modalità già indicate; entro i 10 giorni successivi al pagamento, l'aggiudicatario dovrà consegnare al custode l'originale della quietanza rilasciata dall'Istituto di credito;

6) in caso di mancato versamento del saldo prezzo entro il termine indicato nell'offerta, l'aggiudicazione sarà revocata e sarà disposto l'incameramento della cauzione;

7) **se l'offerente non diviene aggiudicatario, la cauzione è immediatamente restituita dopo la chiusura dell'incanto, salvo che lo stesso non abbia omesso di partecipare al medesimo, personalmente o a mezzo di procuratore speciale, senza documentato e giustificato motivo. In tale caso la cauzione è restituita solo nella misura dei nove decimi dell'intero e la restante parte è trattenuta come somma rinveniente a tutti gli effetti dall'esecuzione.**

8) qualora l'aggiudicatario, per il pagamento del saldo prezzo faccia ricorso ad un contratto bancario di finanziamento con concessione di ipoteca di primo grado sull'immobile acquistato, le somme dovranno essere erogate nel termine fissato per il versamento del saldo prezzo, direttamente dall'istituto di credito mutuante con le modalità indicate dalla Cancelleria mediante consegna di un assegno bancario circolare non trasferibile intestato a "Tribunale di Roma – Settore esecuzioni immobiliairi". Unitamente all'assegno, il medesimo istituto di credito dovrà anche consegnare al custode-delegato l'atto di assenso ad iscrizione di ipoteca con la relativa nota di iscrizione. Contestualmente alla presentazione del decreto sottoscritto per la trascrizione, il custode-delegato presenterà al Conservatore anche la nota di iscrizione di ipoteca. Conformemente a quanto previsto dall'art. 585 ultimo comma c.p.c. il custode-delegato nel predisporre il decreto di trasferimento da sottoporre alla firma del Giudice dell'esecuzione inserirà la seguente dizione *"rilevato che il pagamento di parte del prezzo relativo al trasferimento del bene oggetto del presente decreto è avvenuto mediante erogazione della somma di €***** da parte di **** a fronte del contratto di mutuo a rogito **** del **** rep.*** e che le parti mutuante e mutuataria hanno espresso il consenso all'iscrizione di ipoteca di primo grado a garanzia del rimborso del predetto finanziamento, si rende noto che, conformemente a quanto disposto dall'art.585 c.p.c., è fatto divieto al Conservatore dei RR.II. di trascrive il presente decreto se non unitamente all'iscrizione dell'ipoteca di cui all'allegata nota"*. In caso di revoca dell'aggiudicazione le somme erogate saranno restituite direttamente all'istituto di credito mutuante senza aggravio di spese per la procedura.

– C –

DISCIPLINA DELL'AUMENTO DI QUINTO

(MODALITÀ DI PRESENTAZIONE DELLE OFFERTE E ALTRE DISPOSIZIONI)

1) chiunque, ad esclusione dei soggetti indicati nell'art. 579 cod. proc. civ., può formulare **solo nel caso di vendita con incanto** una offerta di acquisto ad un prezzo superiore di almeno un quinto al prezzo di aggiudicazione;
2) le offerte devono essere presentate **in busta chiusa** presso la Cancelleria del Tribunale di Roma (ufficio depositi giudiziari – Viale Giulio Cesare 54/b), entro le ore 12,30 del decimo giorno successivo alla data dell'incanto. Sulla busta dovrà essere indicato esclusivamente il nome di chi deposita materialmente l'offerta (che può anche essere persona diversa dall'offerente), il nome del giudice titolare della procedura e **la data della scadenza del termine per l'offerta**; nessuna altra indicazione, né nome delle parti, ne numero della procedura, né il bene per cui è stata fatta l'offerta, né l'ora della vendita o altro, deve essere apposta sulla busta;
3) l'offerta dovrà contenere:
   a. il cognome, il nome, il luogo, la data di nascita, il codice fiscale, il domicilio, lo stato civile, ed il recapito telefonico del soggetto cui andrà intestato l'immobile (**non sarà possibile intestare l'immobile a soggetto diverso da quello che sottoscrive l'offerta**). Se l'offerente è coniugato in regime di comunione legale dei beni, dovranno essere indicati anche i corrispondenti dati del coniugo. Se l'offerente è minorenne, l'offerta dovrà essere sottoscritta dai genitori previa autorizzazione del giudice tutelare;
   b. i dati identificativi del bene per il quale l'offerta è proposta;
   c. **l'indicazione del prezzo offerto che dovrà essere superiore di almeno un quinto al prezzo di aggiudicazione;**
   d. l'espressa dichiarazione di aver preso visione della perizia di stima;
4) all'offerta dovrà essere allegata, nella stessa busta, una fotocopia del documento di identità dell'offerente, nonché un assegno bancario circolare non trasferibile intestato a "Tribunale di Roma – Settore esecuzioni immobiliari" **per un importo pari al doppio della cauzione versata per partecipare all'incanto** (e quindi del 20% del prezzo base d'asta fissato nella presente ordinanza), a titolo di cauzione che sarà trattenuta in caso di mancata partecipazione alla gara di tutti gli offerenti in aumento;
5) scaduto il termine il giudice procederà alla apertura delle buste e, verificata la regolarità delle offerte, indirà con apposita ordinanza, della quale il cancelliere darà pubblico avviso a norma dell'art. 570 cod, proc. civ. e comunicazione all'aggiudicatario, la gara tra gli offerenti fissando il termine entro il quale potranno essere fatte ulteriori offerte con le modalità indicate al precedente punto 2 ;
6) le eventuali buste depositate dopo l'indizione della gara saranno aperte, alla presenza degli offerenti, nel giorno e nell'ora indicate nell'ordinanza di cui al punto 5;
   - qualora siano presenti più offerenti, si procederà a gara sulla base della offerta più alta;
   - qualora sia presente il solo offerente in aumento, ovvero nell'ipotesi un cui l'aggiudicatario presente non effettui a sua volta una offerta in aumento, il bene sarà aggiudicato definitivamente all'offerente in aumento al prezzo indicato nell'offerta;
   - qualora nessuno degli offerenti in aumento sia presente, il bene sarà aggiudicato definitivamente a colui che risultava aggiudicatario provvisorio al termine dell'incanto ed il giudice pronuncerà a carico di coloro che hanno proposto l'offerta in aumento nel termine di cui all'art. 584, primo comma, la perdita della cauzione che verrà acquisita all'attivo della procedura;
7) nel corso della gara ciascuna offerta in aumento, da effettuarsi nel termine di sessanta secondi dall'offerta precedente, non potrà essere inferiore a rilancio minimo indicato nella presente ordinanza per l'ipotesi di vendita con incanto;
8) l'aggiudicatario è tenuto al pagamento degli oneri tributari conseguenti all'acquisto del bene; il relativo importo sarà comunicato dal custode successivamente all'aggiudicazione ed il relativo pagamento dovrà essere effettuato entro il medesimo termine fissato per il saldo del prezzo;
9) salvo quanto disposto nel successivo punto n. 10, l'importo del prezzo di aggiudicazione (dedotta la cauzione prestata) e delle spese, dovranno essere versati **entro il termine di sessanta giorni** dall'aggiudicazione, mediante due assegni bancari circolari non trasferibili intestati a "Tribunale ordinario di Roma – Settore esecuzioni immobiliari";
10) ove l'immobile sia gravato da ipoteca iscritta a garanzia di mutuo concesso ai sensi del T.U. 16 luglio 1905, n. 646, richiamato dal D.P.R. 21 gennaio 1976 n. 7 ovvero ai sensi dell'art. 38 del

ORDINANZA DI VENDITA

Decreto legislativo 10 settembre 1993 n. 385, l'aggiudicatario dovrà versare direttamente all'Istituto mutuante, ai sensi dell'art. 41 del Decreto Legislativo, nel termine di sessanta giorni dall'aggiudicazione, la parte del prezzo corrispondente al credito dell'Istituto per capitale, interessi, accessori e spese di procedura, nonché depositare l'eventuale residuo con le modalità già indicate; entro i 10 giorni successivi al pagamento, l'aggiudicatario dovrà consegnare al custode l'originale della quietanza rilasciata dall'istituto di credito;

11) in caso di mancato versamento del saldo prezzo entro il termine indicato nell'offerta, l'aggiudicazione sarà revocata e sarà disposto l'incameramento della cauzione;

12) se l'offerente non diviene aggiudicatario, la cauzione è immediatamente restituita dopo la chiusura della gara;

13) qualora l'aggiudicatario, per il pagamento del saldo prezzo faccia ricorso ad un contratto bancario di finanziamento con concessione di ipoteca di primo grado sull'immobile acquistato, le somme dovranno essere erogate nel termine fissato per il versamento del saldo prezzo, direttamente dall'istituto di credito mutuante con le modalità indicate dalla Cancelleria mediante consegna di un assegno bancario circolare non trasferibile intestato a "Tribunale di Roma – Settore esecuzioni immobiliari". Unitamente all'assegno, il medesimo istituto di credito dovrà anche consegnare al custode-delegato l'atto di assenso ad iscrizione di ipoteca con la relativa nota di iscrizione. Contestualmente alla presentazione del decreto sottoscritto per la trascrizione, il custode-delegato presenterà al Conservatore anche la nota di iscrizione di ipoteca. Conformemente a quanto previsto dall'art. 585 ultimo comma c.p.c. il custode-delegato nel predisporre il decreto di trasferimento da sottoporre alla firma del Giudice dell'esecuzione inserirà la seguente dizione *"rilevato che il pagamento di parte del prezzo relativo al trasferimento del bene oggetto del presente decreto è avvenuto mediante erogazione della somma di €***** da parte di **** a fronte del contratto di mutuo a rogito **** del **** rep.*** e che le parti mutuante e mutuataria hanno espresso il consenso all'iscrizione di ipoteca di primo grado a garanzia del rimborso del predetto finanziamento, si rende noto che, conformemente a quanto disposto dall'art.585 c.p.c., è fatto divieto al Conservatore dei RR.II. di trascrive il presente decreto se non unitamente all'iscrizione dell'ipoteca di cui all'allegata nota"*. In caso di revoca dell'aggiudicazione le somme erogate saranno restituite direttamente all'istituto di credito mutuante senza aggravio di spese per la procedura.

DISCIPLINA DELLA PUBBLICITÀ DELLE VENDITA

DISPONE

che il custode-delegato provveda a dare pubblicità della presente ordinanza attenendosi alle seguenti direttive:

Delle vendita dovrà essere data pubblica notizia mediante:

1) affissione dell'avviso di vendita per almeno tre giorni consecutivi all'albo di questo Tribunale;
2) pubblicazione sul quotidiano IL MESSAGGERO di Roma nell'apposito spazio domenicale riservato al Tribunale di Roma, in un termine non superiore a novanta e non inferiore a quarantacinque giorni prima della data fissata per la vendita senza incanto, di un avviso contenente in modo sintetico e riassuntivo le seguenti informazioni:
   a. numero di ruolo della procedura;
   b. nome del Giudice dell'esecuzione;
   c. nome del custode ed indicazione del suo numero telefonico;
   d. diritto reale posto in vendita (piena proprietà, quota parte della piena proprietà, usufrutto, nuda proprietà ecc.);
   e. tipologia (appartamento, terreno, villa, negozio, locale, ecc.);
   f. comune ed indirizzo ove è situato l'immobile;
   g. caratteristiche (superficie, vani, piano, interno, ecc.);
   h. eventuali pertinenze (balcone, cantina, box, posto auto, giardino, ecc.);
   i. condizione (libero, occupato, dal debitore/da terzi);
   j. ammontare del prezzo base per la vendita senza incanto;
   k. termine per la presentazione delle offerte per la vendita senza incanto;
   l. data, luogo ed ora fissata per la vendita senza incanto;
   m. orario di apertura delle buste;
   n. indicazioni su dove reperire maggiori informazioni (Custode dell'immobile con indicazione del numero di telefono - Sito Internet www.tribunale.roma.it oppure www.astegiudiziarie.it. Informazioni telefoniche al numero verde 848582031 (lun-ven. 9.00/12.00 15.00/17.00, Aste Giudiziarie Inlinea S.p.a – Posta elettronica: infovendite@astegiudiziarie.it)

ORDINANZA DI VENDITA

Il testo dell'annuncio verrà inviato a: Piemme s.p.a., Via Umberto Novaro, 18, 00195 Roma, Divisione Pubblicità Legale, Tel. 06/37708424 o 06/37708466, Fax 06/37708415. L'estratto verrà in linea di massima contenuto in due "moduli tipografici" (corrispondenti a 50/60 parole);

3) pubblicazione almeno novanta giorni prima e fino al giorno della vendita sul sito internet www.tribunale.roma.it oppure www.astegiudiziarie.it (copia della documentazione verrà inviata ad uno dei seguenti recapiti: FAX: 0586/201431; E-MAIL: pubblicazione@astegiudiziarie.it; POSTA: Aste Giudiziarie Inlinea S.p.a., Via delle Grazie, 5, 57125 Livorno). Sul sito internet dovrà essere data integrale comunicazione dell'ordinanza di vendita, della perizia di stima e dei suoi allegati (compresa la documentazione fotografica degli immobili);

Nella sola ipotesi in cui, a seguito di esito negativo della vendita senza incanto, si debba procedere alla vendita con incanto, del nuovo esperimento d'asta dovrà essere data pubblica notizia con le medesime modalità appena illustrate ma:

1) nella pubblicazione sul quotidiano "Il Messaggero" l'avviso dovrà contenere le seguenti informazioni:
   a. numero di ruolo della procedura;
   b. nome del Giudice dell'esecuzione;
   c. nome del custode ed indicazione del suo numero telefonico;
   d. diritto reale posto in vendita (piena proprietà, quota parte della piena proprietà, usufrutto, nuda proprietà ecc.);
   e. tipologia (appartamento, terreno, villa, negozio, locale, ecc.);
   f. comune ed indirizzo ove è situato l'immobile;
   g. caratteristiche (superficie, vani, piano, interno, ecc.);
   h. eventuali pertinenze (balcone, cantina, box, posto auto, giardino, ecc.);
   i. condizione (libero, occupato, dal debitore/da terzi);
   j. ammontare del prezzo base ed ammontare del rilancio minimo;
   k. termine per la presentazione delle offerte:
   l. data, luogo ed ora fissata per la vendita;
   m. indicazioni su dove reperire maggiori informazioni (Custode dell'immobile con indicazione del numero di telefono - Sito internet www.tribunale.roma.it oppure www.astegiudiziarie.it. Informazioni telefoniche al numero verde 848582031 (lun-ven. 9,00/12.00 15.00/17.00, Aste Giudiziarie Inlinea S.p.a – Posta elettronica: infovendite@astegiudiziarie.it)

2) i termini per la pubblicazione sul quotidiano e sul sito internet sono ridotti rispettivamente a **sessanta e quarantacinque giorni** quanto alla pubblicazione sul "Messaggero" e a **sessanta giorni prima e fino al giorno dell'incanto** per la pubblicazione sul sito internet.

Il custode-delegato farà ricorso al servizio di *"promotional marketing"* fornito da Asteimmobili Servizi S.p.a., Via Parco, 47, 20046 Biassono (MI), Tel. 039.59611.1 – Fax 039.3309896 – Email procedure@aiser.it

RENDE NOTO

- che la vendita avviene nello stato di fatto e di diritto in cui i beni si trovano (anche in relazione al testo unico di cui al decreto del Presidente della Repubblica 6 giugno 2001, n. 380) con tutte le eventuali pertinenze, accessioni, ragioni ed azioni, servitù attive e passive. La vendita è a corpo e non a misura. Eventuali differenze di misura non potranno dar luogo ad alcun risarcimento, indennità o riduzione del prezzo;
- che la vendita forzata non è soggetta alle norme concernenti la garanzia per vizi o mancanza di qualità, né potrà essere revocata per alcun motivo. Conseguentemente, l'esistenza di eventuali vizi, mancanza di qualità o difformità della cosa venduta, oneri di qualsiasi genere ivi compresi, ad esempio, quelli urbanistici ovvero derivanti dalla eventuale necessità di adeguamento di impianti alle leggi vigenti, spese condominiali dell'anno in corso e dell'anno precedente non pagate dal debitore, per qualsiasi motivo non considerati, anche se occulti e comunque non evidenziati in perizia, non potranno dar luogo ad alcun risarcimento, indennità o riduzione del prezzo, essendosi di ciò tenuto conto nella valutazione dei beni;
- che per gli immobili realizzati in violazione della normativa urbanistico edilizia, l'aggiudicatario, potrà ricorrere, ove consentito, alla disciplina dell'art.40 della legge 28 febbraio 1985, n.47 come integrato e modificato dall'art.46 del D.P.R. 6 giugno 2001, n.380, purché presenti domanda di concessione o permesso in sanatoria entro 120 giorni dalla notifica del decreto di trasferimento;
- che l'immobile viene venduto libero da iscrizioni ipotecarie e da trascrizioni di pignoramenti e sequestri che saranno cancellate a cura e spese della procedura;
- che, se occupato dal debitore o da terzi senza titolo, la liberazione dell'immobile sarà effettuata, salvo espresso esonero, a cura del custode giudiziario ed a spese dell'aggiudicataria;
- che gli oneri fiscali derivanti dalla vendita saranno a carico dell'aggiudicatario;
- che l'elaborato peritale sarà disponibile per la consultazione, unitamente alla presente ordinanza, sul sito internet (www.tribunale.roma.it oppure www.astegiudiziarie.it);

preso atto del considerevole valore del compendio immobiliare pignorato e ritenutane l'opportunità,

DISPONE

che della vendita sia data notizia, con le medesime modalità su indicate, anche su:

AUTORIZZA

i creditori interessati a dare pubblicità della presente ordinanza, esclusivamente a loro cura e spese non rimborsabili, anche con forme alternative e diverse a quelle indicate purché nel rispetto della riservatezza e della dignità delle parti della procedura esecutiva.

DISPONE

che il custode/delegato oggi nominato dia comunicazione della presente ordinanza (anche per estratto non autentico), ai creditori iscritti non intervenuti, al debitore esecutato ed al debitore originario qualora la procedura si svolga contro il terzo proprietario ex art.602 e ss. c.p.c. entro il termine ordinatorio di ***almeno 60 gg. prima della data fissata per la vendita senza incanto;***

AVVERTE

che in base a quanto disposto dall'art.624bis c.p.c., il Giudice dell'esecuzione, può, sentito il debitore, sospendere il processo fino a ventiquattromesi, su istanza di tutti i creditori muniti di titolo esecutivo. L'istanza può essere proposta fino a 20 giorni prima della scadenza del termine per il deposito delle offerte d'acquisito, o, nel caso in cui la vendita senza incanto non abbia luogo, fino a 15 giorni prima dell'incanto. Qualora non sia stata proposta istanza o essa non sia stata accolta, in base a quanto disposto dall'art.161*bis* disp.att.c.p.c., il rinvio della vendita può essere disposto solo con il consenso dei creditori e degli offerenti che abbiano prestato cauzione ai sensi degli articoli 571 e 580 c.p.c..

DESCRIZIONE DELL'IMMOBILE

(riportare la descrizione dell'immobile data la pignoramento integrata da quella del c.t.u. con l'esatta indicazione dei dati catastali e dell'ubicazione

LOTTO UNICO: APPARTAMENTO IN Roma CON ACCESSO PEDONALE DA VIA CORNELIA, c.n. 284 E CARRABILE c.n. 282, INT. 2, SU DUE PIANI, (piano terreno e primo) CON ANNESSA AREA CORTILIZIA DI PROPRIETA' ESCLUSIVA DI MQ. 106,00, COMPOSTO DA SOGGIORNO CON ANGOLO COTTURA E BAGNO (al piano terreno), INGRESSO, DUE CAMERE, BAGNO E DUE BALCONI (al piano primo), SUPERFICIE COMMERCIALE MQ. 109,56, CENSITO AL N.C.E.U. AL FOGLIO 349, PART.LLA 2521, SUB. 9 (appartamento) e 2 (area cortilizia), CATEG. A/3 CL. 2 VANI 4 R.C. € 640,41;

Il tutto come meglio descritto nell'elaborato peritale depositato in atti.

Il Cancelliere

Il Giudice dell'esecuzione

Allegato F

TRIBUNALE ORDINARIO DI ROMA

UFFICIO ESECUZIONI IMMOBILIARI **N.146**

G.E. Dott.ssa ANNA MAURO

SEZIONE QUARTA CIVILE

PROCEDIMENTO DI ESECUZIONE PROMOSSO DA:

MELIORBANCA GALLO e C S.p.A.

CONTRO

[redacted]

Alla sottoscritta Arch. Mirella Marchisio, Circ.ne Trionfale, n. 34, Roma; Iscritta all'Albo dei Consulenti Tecnici del Tribunale di Roma, a seguito del giuramento prestato in data 9/10/2003 avanti al G.E. DOTT.ssa Anna Mauro, presente il legale di parte, le sono stati formulati i seguenti

QUESITI :

1) Descriva il C.T.U. previo esame della documentazione in atti e dello stato dei luoghi, l'immobile pignorato con relativa superficie in mq., confini e dati catastali attuali, eventuali pertinenze ed accessori, eventuali millesimi di parti comuni, accertando la completezza della documentazione prodotta e la corrispondenza delle risultanze della documentazione con lo stato dei luoghi;

2) Accerti la conformita' tra i dati riportati nel pignoramento e quelli risultanti dalla documentazione, riportando l'elenco delle iscrizioni e trascrizioni di pignoramenti gravanti sull'immobile ed, a parte, della trascrizione delle domande

giudiziali;

3) Se l'immobile non risulta accatastato, proceda all'accatastamento, ovvero esegua le variazioni necessarie;

4) Indichi l'utilizzazione prevista dallo strumento urbanistico comunale;

5) Indichi la conformita' o meno della costruzione alle autorizzazioni o concessioni amministrative ed, in caso di costruzione realizzata o modificata in violazione della normativa urbanistica - edilizia vigente, descriva la tipologia degli abusi riscontrati, dica se l'illecito si;a stato sanato o sia sanabile, ai sensi degli art. 17 comma 5 o 40 comma 6 della L. n. 47/85 ed indichi il presumibile costo della sanatoria;

6) Dica se e' possibile vendere i beni pignorati in uno o più lotti, in quest'ultimo caso formando i singoli lotti;

7) Stabilisca se l'immobile e' libero o occupato, con contratto avente data certa anteriore alla notifica del pignoramento;

8) Indichi l'esistenza sui beni pignorati di eventuali vincoli artistici, storici o alberghieri, di vincoli di inalienabilità o indivisibilità, nonché l'eventuale esistenza di diritti demaniali o di usi civici e l'assegnazione dell'abitazione al coniuge;

9) Determini il valore dell'immobile con indicazione del criterio di stima usato.

ESAME ATTI E DOCUMENTI

Esaminati gli atti allegati al fascicolo depositato presso il Tribunale ed in particolar modo i certificati catastali e quelli rilasciati dalla Conservatoria dei Registri Immobiliari di Roma; per l'espletamento della C.T.U., si sono ispezionati i luoghi ed effettuati i necessari rilevamenti tecnici.

Inoltre, a seguito dei sopralluoghi effettuati e degli accertamenti svolti sia presso il N.C.E.U. di Roma che presso l'Ufficio Tecnico comunale del Municipio 18°, nonche' presso il Dipartimento IX, l'Ufficio Speciale del Piano Regolatore e l'U.S.C.E.; si e' prodotta la seguente

documentazione:

1) Verbale di sopralluogo e dichiarazioni del terzo occupante;
2) Bozza del decreto di trasferimento del bene
3) Copia della relazione e del modello dell'Ordinanza di Vendita redatta con il programma Word;
4) Copia della relazione su Compact Disk con relativi allegati, inseriti in un solo file in formato word;
5) Visura catastale attuale dell'immobile;
6) N.2 ricevute per tributi versati all'Agenzia del Territorio;
7) N.2 ricevute per tributi versati al Comune di Roma;
8) Domanda di accesso ai documenti presentati all'U.S.C.E.;
9) Pratica depositata presso l 'U.S.C.E.;
10) Visura U.S.C.E.;
11) Richiesta all' U.R.P.E.;
12) Domanda di accesso ai documenti amministrativi presenti nel Municipio 18;
13) Nota del Municipio 18;

14) Pianta rilasciata dal N.C.E.U. relative all'immobile sito in Roma, via Cornelia, n. 284, int. 2, distribuito su due piani: piano terreno e piano primo, con annessa area cortilizia;

15) Planimetria catastale;

16) N. 2 planimetrie di :P.R.G.;

17) Piano delle Certezze – Variante al P.R.G., adottata con Deliberazione C.C. n. 92 del 29/5/1997;

18) P.R.G. adottato con Deliberazione del C.C. del 19-20/3/2003

19) Numero sette fotografie documentative.

SOMMARIO

- QUESITI
- ESAME ATTI E DOCUMENTI

RELAZIONE

- PREMESSA

ANALISI DEGLI IMMOBILI

- UBICAZIONE DEGLI IMMOBILEI
- DESCRIZIONE DELL'APPARTAMENTO
- GRADO D'USO
- ANALISI STRUTTURALE DELLO STABILE CONDOMINIALE
- POSIZIONE CATASTALE
- POSIZIONE PRESSO LA CONSERVATORIA DEI RR.II.
- UTILIZZAZIONE PREVISTA DALLO STRUMENTO URBANISTICO COMUNALE
- CONFORMITA' O MENO DEGLI IMMOBILI ALLE AUTORIZZAZIONI E/0 CONCESSIONI AMMINISTRATIVE

- ACCERTAMENTI E RISULTANZE

VALORE DELL' IMMOBILE

- CRITERI DI STIMA DELL'APPARTAMENTO:

  . Stima diretta

  . stima indiretta

  . valore medio

- RIEPILOGO

RELAZIONE

PREMESSA

L'immobile di proprietà del Signor [redacted] ggetto della presente perizia, e' costituiti da:

- Appartamento sito in Roma, via Cornelia n.c. 284, int. 2, disposto su due piani : piano terreno e piano primo, con annessa area cortilizia;

Per esaminare la consistenza del bene da valutare, durante i sopralluoghi, si sono effettuate le necessarie rilevazioni e si e' presa visione del grado di finitura.

Inoltre, si sono eseguiti accessi all'U.T.E. di Roma per visura e richiesta degli allegati certificati, nonche' presso gli Uffici competenti del Comune di Roma per accertamenti e verifiche.

In seguito si e' resa necessaria anche una ricerca di mercato, indispensabile per determinare il valore di stima del bene.

UBICAZIONE DELL' IMMOBILE

L'appartamento contraddistinto con il numero interno 2 (due) e distribuito su due piani, facente parte della palazzina sita in Roma, località Monte Spaccato, via Cornelia c.n. 284, e' ubicato nel territorio del Municipio 18.

Esso e' composto di: soggiorno con angolo cottura e bagno al piano terreno; ingresso, due camere, di cui una matrimoniale, bagno, e due terrazzi al piano primo.

Alla casa di civile abitazione è annessa un'area cortilizia, che consente l'accesso al piano terreno dell'immobile ed alla quale si accede oltre che dal passaggio pedonale del c.n. 284 di via Cornelia, anche dal passo carrabile del c.n. 282, della medesima via.

L'insieme confina in senso antiorario con: stessa via, vano scala ed appartamento int. 2, distacco condominiale e via Pietro D'Abano.

Una ricognizione effettuata nella zona in cui ricade l'alloggio innanzi menzionato, consente di affermare che la stessa e' completa di urbanizzazione primaria e secondaria, ed e' in prossimità di strade di grande comunicazione.

Infatti, via Cornelia è un'arteria stradale che collega trasversalmente via Boccea con via Aurelia, collegandosi con quest'ultima in prossimità dello snodo viario con il Grande Raccordo Anulare.

Tali strade, tutte di notevole scorrimento, assicurano i collegamenti tra le varie zone della città che la penetrazione verso il Centro di Roma.

In particolare, il sito in questione è nei pressi della grande area destinata a verde, denominata " Parco Dell'Acqua Fredda ".
Sul tratto di strada in esame di via Cornelia, si affacciano piccole e medie costruzioni residenziali, realizzate in varie tipologie edilizie definite : a " palazzina", a "case plurifamiliari " e "case unifamiliari", quest'ultime anche con piccoli orti antistanti.
Inoltre va rilevato che, tranne qualche fatiscente fabbricato, le residenze ubicate nella zona sono di recente costruzione, anche se presentano un modesto grado di finitura, cosi' come l'immobile, in cui ricade la detta unità immobiliare, che e' stato costruito circa venti anni or sono.

DESCRIZIONE DELL'APPARTAMENTO

L'appartamento di cui trattasi, disposto su due piani : piano terreno e piano primo, distinto con il numero interno 2, ha accesso dal civico n. 284, di via Cornelia, oltre che dal passo carrabile del civico numero 282 della medesima via..
All'alloggio sono annessi : due balconi , posti entrambi al piano primo, ed un' area esterna, adibita prioritariamente a cortile, e solo una piccola parte a giardino, sita al piano terreno e disposta alla stessa quota del livello stradale.
Esso e' composto da: soggiorno con angolo cottura e bagno, al piano terreno; ingresso, due camere e bagno al piano primo.
Le stanze, di medie dimensioni, quelle al piano primo, mentre il piano terreno è costituito da un unico camerone; sono sufficientemente illuminate, così come gli altri ambienti, atteso

che rispetto alla visuale ottica, gli edifici prospicienti sono a debita distanza, relativamente alla quota del piano in esame , stante sia i distacchi condominiali che la presenza delle sedi stradali.

Gode di due preminenti esposizioni, così che sul fronte a Sud – Est, lato via Cornelia, affacciano le finestre del soggiorno – angolo cucina - e della camera da letto matrimoniale; mentre nel lato diametralmente opposto, a Nord – Ovest, si aprono quelle di altra camera e di entrambi i bagni.

Nell'insieme, le finiture degli ambienti sono di tipo comune, ed in particolare, sono in buono stato di conservazione e manutenzione.

Con specifico riferimento alla pianta prodotta ed a quanto rilevato in loco, si ha:

Piano terreno:

- Soggiorno con angolo cottura -

L'ambiente, comprensivo dell'area ingresso del piano terreno, è costituito di un unico vano, di altezza di ml. 3,30, senza alcuna delimitazione dell'angolo con cucina in muratura, ed ha visuale sulla corte, zona a giardino, tratto parallelo a via Cornelia.

Il pavimento e' in cotto, di colore ocra chiara, con mattoni delle dimensioni di cm. 15 x cm. 35, posti in opera con le fughe a vista. Il rivestimento della cucina in muratura è eseguito con formelle in ceramica, di tipo e colore simile al granito, delle dimensioni di cm. 10 x cm. 10.

Piano primo:

- Ingresso e due camere -

Il piano primo, di altezza di ml. 2,80, ha la pavimentazione in ceramica delle dimensioni di cm. 33 x cm. 33, di colore bianco, così come i soffitti e le pareti dei vari ambienti dell'alloggio, ad eccezione di una camera, quella sul fronte Nord – Ovest, in cui le pareti sono trattate con pittura di colore celeste.

Servizi:

- Bagno con vasca -

Ha accesso dall'ingresso / disimpegno, ed ha pavimentazione in ceramica di colore bianco con venature di tonalità nerastre, delle dimensioni di cm. 20 x cm. 25; cosi' come il rivestimento murario.

-Bagno –

E' posto al piano terreno, in prossimità dell'ingresso, e vi sono installati i servizi igienici essenziali.

Esso è privo della porta , che, come da fotografia allegata, è sostituita da una tenda.

-Balconi -

- Oltre le finestre dei bagni e la finestra a nastro del soggiorno, tutte con affaccio sull'area cortilizia; al piano primo, in ogni camera insiste una porta/finestra, che consente l'accesso ai rispettivi balconi, con visuale l'una sul fronte strada di via Cornelia e l'altra, a monte, verso il distacco condominiale.

I balconi , di diverse dimensioni, hanno le seguenti superfici:

ml. 7,00 x ml 1,50 = mq. 10,50; quello sul lato di via Cornelia, mentre l'altro è di ml. 3,50 x ml. 1,50 = mq. 5,25.

Infissi -

Il portoncino d'ingresso all'appartamento, del numero int. 2, è del tipo tamburato, così come le porte interne; mentre la porta / finestra del piano terreno, di accesso dalla corte esclusiva, è in alluminio verniciato di colore bianco.

Le restanti finestre, tutte realizzate in alluminio verniciato, sono complete di persiane anch'esse in alluminio di colore bianco.

- Impianti -

L'appartamento e' fornito di impianto di riscaldamento autonomo, a gas metano, ed in esso sono installati elementi radianti in alluminio.

L'impianto elettrico e' sotto traccia.

Inoltre e' fornito di impianto citofonico e di impianto idrico, mentre la linea telefonica attualmente non è attiva.

-Corte esclusiva -

E' altresì annessa alla casa di civile abitazione, la corte esclusiva ,avente accesso sia dal cancelletto del passaggio pedonale del c.n. 284 di via Cornelia, che dal cancello scorrevole, con apertura automatica, di dimensioni di ml. 3,50 di lunghezza e ml. 1,80 di altezza, contraddistinto con il c.n. 282 della stessa via.

L'area a cortile, a meno di una piccola zona destinata a giardino, è interamente pavimentata in appezzato di porfido, e delimita per tre lati il manufatto.

Si precisa, che nello spazio terminale della zona retrostante, è in opera una alta inferriata , a maglie strette, quale recinzione destinata al cane; come riferito dalla sorella del Signor [redacted]

La palazzina, ha la base esterna protetta da una zoccolatura perimetrale, in porfido, dello stesso tipo della pavimentazione della corte.

Per due lati, il sito è delimitato da terrapieni, in considerazione che l'inizio di via Pietro D'Abano, che delimita l'area dell'immobile, è strada in salita, con considerevole pendenza.

Pertanto, un muro in blocchetti di tufo, costituisce parete di contenimento sia della strada via Pietro D'Abano che del retrostante distacco condominiale, e più esattamente dello spiazzo antistante la sala giochi, ubicata al c.n. 3 di via Pietro D'Abano.

Detta porzione di perimetro è altresì completata da un sovrastante muretto, di altezza variabile, con alla sommita' le " tegole marsigliesi ", onde incanalare lo scorrimento delle acque meteoriche e preservare la muratura sottostante .

Mentre il fronte strada di via Cornelia è delimitato, sempre da un muretto in tufo, mediamente di altezza di ml. 1,15, con copertina in cemento e sovrastante inferriata di cm. 80 di altezza; oltre che dal cancelletto pedonale e dal cancello scorrevole, eseguito con elementi scatolati in ferro, a mo' di doghe metalliche, ed installato a filo del bordo stradale.

GRADO D'USO

L'alloggio in oggetto, disposto su due piani collegati tra loro da una scala interna, realizzata in legno con gradini " a giorno ", costituiti della sola pedata; ha distribuzione semplice e razionale, con ambienti di varia ampiezza, ed e' suddiviso secondo le odierne tipologie edilizie: in zona giorno e zona notte.

La distribuzione interna si articola nei seguenti ambienti: soggiorno con angolo cucina al piano terreno, due camere con antistanti terrazzi, al piano primo, oltre gli accessori quali: ingresso / disimpegno e servizi igienici, costituiti di due bagni, di cui uno, quello con vasca, disposto al piano primo.

Esso ha superficie utile di mq. 95,00, di cui residenziale: mq. 37,95 al piano terreno e mq. 41,30 al piano primo, per complessivi mq. 79,25; e non residenziale degli annessi terrazzi per mq. 15,75, rispettivamente di : mq. 10.50 il maggiore e mq. 5,25 quello sul retro.

L'appartamento, che usufruisce di due preminenti esposizioni, l'una, principale, con affaccio sul giardino-cortile, lato via Cornelia, e l'altra, secondaria, sempre con affaccio sul cortile, aperta nel distacco condominiale; ha finiture di tipo comune, ed e' in buono stato di conservazione e manutenzione sia ordinaria che straordinaria.

Inoltre, è altresì annessa alla casa di civile abitazione, la corte esclusiva di mq. 106,00, come da visura catastale, mentre la superficie cortilizia complessiva è di più ampie dimensioni con una piccola parte destinata a giardino, avente accesso sia dal passaggio pedonale del c.n. 284 di via Cornelia, che dal passo carrabile del c.n. 282.

Come da pianta catastale, lo stabile immobiliare confina : per due lati con via Cornelia e via Pietro D'Abano, nel lato posteriore con il distacco condominiale, e per il restante tratto aderisce alla costruzione adiacente, di proprietà della famiglia [redacted]zio di [redacted] come riferitomi dall'interessato.

La palazzina composta di due piani , oltre il piano terreno ed il piano copertura, realizzato a terrazzo e di uso comune, è costituita da tre unità immobiliari, tutte di proprietà dei fratelli [redacted]

Al corpo scala centrale si accede dal portone d'ingresso, realizzato in alluminio, di colore bianco, e vetro, che immette nell'atrio con pavimentazione in lastre di marmo delle dimensioni di cm. 25 x cm. 40.

Attualmente il bene è occupato, gia' da alcuni anni, dalla Signora [redacted]x compagna del Sig[redacted] dal loro figlio di sette anni.

Come da verbale di sopralluogo, per quanto dichiarato, usufruisce dell'alloggio gratuitamente, per cui occupa la casa a titolo non oneroso.

ANALISI STRUTTURALE DELL'EDIFICIO

Il fabbricato in cui insiste l'appartamento in esame, è costituito da due piani fuori terra, oltre il piano terreno ed il piano copertura, realizzato a coronamento orizzontale, adibito a terrazzo con parapetto a ringhiera.

Ha struttura portante in c. a. e facciate esterne intonacate e tinteggiate con pittura di colore marrone terra di Siena, con fasce orizzontali, a mo' di cornici marcapiano ,di colore bianco.

I prospetti, con balconi aggettanti, sono semplici e privi di qualsivoglia ornamento.

Il manufatto in cui ricade l'appartamento in questione, e' perimetrato per tre lati dal distacco costituito dalla corte esclusiva, con piccole aree destinate a verde, mentre il restante lato confina con l'adiacente costruzione del c.n. 288 di via Cornelia, che insiste sulla particella 2505 del foglio 349.

La palazzina ha sagoma semplice, senza particolari pregi architettonici, e complessivamente non presenta degradi significativi, ma unicamente l'uso della vita quotidiana.

Con riferimento ai valori millesimali, va riferito, che stante il ridotto numero dei proprietari dell'edificio, e tutti tra loro fratelli, non è stato redatto il Regolamento di Condominio.

L'accesso al fabbricato è costituito da uno spazio esterno, con pavimentazione in appezzato di porfido, e cancelletto d'ingresso, delle dimenzioni di ml. 1,20 di larghezza e ml. 1,80 di altezza, installato a distanza di ml. 1,30 dal filo perimetrale della sede stradale di via Cornelia, tratto privo di marciapiede.

Inoltre, un muretto a gradoni con sovrastante ringhiera delimita l'area privata da quella pubblica, lato su via Cornelia.

L'insieme è posizionato ad angolo, all'incrocio tra via Cornelia e via Pietro D'Abano con le pareti perimetrali disposte parallelamente a dette vie.

Esso insiste su un'area, i cui lati a Nord-Est ed a Sud-Est fronteggiano le sedi stradali di via Cornelia e di via Pietro D'Abano, strada che si inerpica in salita, mentre all'intorno si distribuiscono manufatti, di varie tipologie edilizie, ma mediamente simili per forma e dimensioni, che caratterizzano il paesaggio circostante con interventi edilizi puntiformi.

POSIZIONE CATASTALE

La casa di civile abitazione di cui trattasi, di proprietà di [redacted] come da certificato di visura catastale che si produce in allegato, è sito in Roma, Monte Spaccato, con accesso da via Cornelia, c.n. 284, piano terra e piano primo, numero interno 2.

L'unita' abitativa, composta di: soggiorno con angolo cottua, due camere, ingresso / disimpegno, e servizi costituiti da due bagni, con annessi numero due terrazzi ed area circostante di uso esclusivo.

Nell'insieme confina con: appartamento int. 1, posto al piano primo e vano scala, distacco condominiale, Via Pietro D'Abano e via Cornelia.

Presso il N.C.E.U. di Roma, l' u.i.u., attualmente è ancora intestata a [redacted] padre di [redacted] che a suo tempo edificò la palazzina, su area già del di lui padre.

Per l'accatastamento all'U.T.E. di Roma, l' immobile in questione, è denunziato con domanda in data 12/7/1985, ricevuta n. 5430, a seguito della quale, al foglio 349 si hanno le seguenti particelle con i numeri: 2521 e 2505/7; per cui l'area oggetto di accertamento prende il numero 2521.

Come da attestati di consultazione, per visura dei fabbricati, rilasciati dall'Ufficio del Territorio, cosi' risulta.

- Immobile - sito in Roma, via Cornelia, c.n. 284, piano terreno e piano primo int. 2; dati di classamento presso il N.C.E.U. del Comune di Roma: foglio 349, particella 2521, sub. 2 e 9, zona censuaria 5, categoria A/3, classe 2, consistenza edilizia di vani 4 , superficie catastale di mq. 106,00 e rendita catastale di Euro 640,41 (Rendita Catastale proposta ai sensi del D.M. 701/94).

Si precisa che i dati catastali corrispondono solo parzialmente ai dati riportati nel pignoramento, per cui risulta esserci non

coincidenza formale tra i subalterni richiamati nel pignoramento (e nella nota di trascrizione dello stesso) ; mentre è conforme la descrizione dell' immobile, rispetto ai dati indicativi.

Tuttavia, quanto sopra risulta precisato e rettificato nelle note presentate presso il Tribunale ed esposte in data 6 / 7 / 2002, nelle quali si sottolinea che nella denuncia di variazione presentata all'U.T.E. di Roma il 27/01/1993 al n. 8001 di protocollo, si individuava il bene censito nel N.C.E.U. di detto Comune al foglio 349, part. 2521, sub.9 e 3; descrizione formulata nel contratto di mutuo fondiario concesso ed erogato dalla MELIORBANCA GALLO e C S.p.A. con atto dell'11/04/1997 e pedissequamente ripresa nell'atto di pignoramento, in cui veniva erroneamente indicato uno dei tre subalterni fusi, ma corretto, con subalterni 9 e 2, con successiva denuncia di variazione n. 28232 del 20/5/2002, in atti dallo stesso giorno (prot. n. 445852).

Infatti, nell'atto di donazione al Sig.[redacted]a rogito del Notaio Camilla De Martino di Roma, del 9/5/1989, rep. 5951; l'originario sub. 7 corrisponde all'appartamento al piano primo, int. 2; l'originario sub. 5 al sottostante negozio, ora soggiorno, con accesso dal c.n. 282 di via Cornelia, ed il sub. 2 all'area cortilizia annessa.

L'appartamento in oggetto, insiste in una porzione immobiliare del fabbricato composto di tre unità immobiliari, distinte rispettivamente con i numeri: int. 1 – int. 2 – int. 3.

L'opera e' stata costruita su terreno sito nel Comune di Roma, particella 2521, con accesso pedonale dal c.n. 284 e carrabile (mediante telecomando) dal c.n. 282 di via Cornelia.

La consistenza dell'edificio, e' costituita da due piani fuori terra, e con due appartamenti al piano primo, ed un appartamento al piano secondo, oltre il piano terreno ed il piano copertura.

L' immobile costruito d[redacted], padre di[redacted] all'inizio degli anni ottanta; confina in senso orario con: sede stradale di via Cornelia, palazzina del c.n. 288 di via Cornelia, distacco condominiale e via Pietro D'Abano.

POSIZIONE PRESSO LA CONSERVATORIA DEI REGISTRI IMMOBILIARI

Da un attento esame degli atti depositati presso il Tribunale, si evince quanto appresso

a) Trascrizioni a favore: - Cambi di proprieta' :

1) - Con nota di trascrizione a favore di[redacted] ed a carico dei Signori [redacted]coniugi in comunione dei beni, formalità eseguita in data 28/5/1989, al n. 45948 registro generale ed al n. 25117 registro particolare, in forza di atto di donazione a rogito del Notaio Camilla De Martino di Roma del 9/5/1989, rep. N. 5951, con il quale il Signo[redacted]ceveva in donazione la seguente porzione immobiliare del fabbricato sito in Roma, con accesso pedonale dal c.n. 284 e carrabile dal c.n. 282 di via Cornelia.

Precisamente:

- Appartamento al piano primo, distinto con il numero int., 2; composto di ingresso/disimpegno, una camera, bagno ed annessi balconi , con accesso da via Cornelia 284, che a seguito della denunzia al N.C.E.U. di Roma del 12//71985, ha preso i dati catastali: foglio 349 nn. 2521 e 2505/7 ;

- Locale al piano terreno con corte esclusiva, avente accesso da via Cornelia 282, che a seguito della suddetta denuncia, ha preso i dati catastali: foglio 349 nn. 2521 e 2505/5.

2) - Con nota a favore dei Signori [redacted] coniugi in comunione legale dei beni, ed a carico della Signor[redacted]quale suo bene personale, formalità eseguita in data 4/10/1983, al n. 65154 registro generale ed al n. 49528 registro particolare, in forza di atto di compravendita per Notaio Alfonsina Capalbo di Roma del 15/9/1983, rep. n. 3758, con il quale i predetti signori acquistavano in Roma, alla via Cornelia 286, l'area di mq. 145,00 distinta in Catasto al foglio 349, particella 2505, ex 393/p, con fabbricato diruto riportato al foglio 349 paticelle 190 e 97.

b) <u>Iscrizioni e Trascrizioni pregiudizievoli</u>

Grava sulle porzioni immobiliari in Roma, facenti parte del fabbricato in via Cornelia 284:

1) Ipoteca iscritta in data 15/4/1997, al n. 22574 registro generale ed al n. 4497 registro particolare, a favore di Melioconsorzio Consorzio Nazionale per il credito a medio e lungo termine S.p.A. con sede in Roma, ed a carico d[redacted]a

garanzia di un mutuo quindicennale, con ammortamento in rate semestrali a partire dal dicembre 1997 e per finire con l'ultima scadente il 30 giugno 2012, concesso con atto per Notaio Antonino Privitera di Roma del giorno 11/4/1997, rep. 13996.

L'immobile è così individuato:

- Appartamento int. 2, al piano primo, di una camera, cucina e bagno, con annessi terrazzi; distinto nel N.C.E.U. al foglio 349, particelle 2521 e 2505 sub. 7;

- Locale al piano terreno con corte esclusiva, avente accesso da via Cornelia 282; censito nel N.C.E.U. al foglio 349, particelle 2521 e 2505 sub. 5.

Entrambi, giusta denunzia di accatastamento presentata all'U.T.E. di Roma in data 12/7/1985 al n. 5430 di protocollo.

2) Pignoramento immobiliare trascritto presso la Conservatoria dei Registri Immobiliari di Roma I in data 19/2/2002, al n. 15786 registro generale e al n. 10335 registro particolare, a carico di [redacted] ed a favore di MELIOBANCA GALLO e C S.p.A..

L'immobile è così individuato:

- Casa di civile abitazione disposta su due piani, in Roma, alla via Cornelia n. 284, costituita da soggiorno con angolo cottura e bagno al piano terra; ingresso, due camere, bagno e due balconi al piano primo; con annessa area circostante; censito nel N.C.E.U. al foglio 349 particella 2521, sub 9 e 3; giusta denuncia di variazione presentata all'U.T.E. di Roma il 27/1/1993, prot. n. 8001.

UTILIZZAZIONE PREVISTA DALLO STRUMENTO URBANISTICO COMUNALE

Come da accertamenti presso il Municipio XVIII, nonché presso l'Ufficio Speciale del Piano Regolatore di Roma, si e' accertato che via Cornelia, strada che si innesta alla via Aurelia in prossimità dello snodo stradale del Grande Raccordo Anulare zona Nord-Est di Roma, ove e' ubicato l'immobile in questione, secondo le norme tecniche di attuazione del Piano Regolatore Generale di Roma, tutt'ora in vigore, ricade in area denominata zona F : Ristrutturazione urbanistica e precisamente sottozona F1, - aree parzialmente edificate -, indicata in colore oliva nelle planimetrie comunali.

Per tale sottozona, la ristrutturazione urbanistica deve essere intesa a dotare le zone stesse dei servizi ed attrezzature pubbliche indispensabili.

Tale ristrutturazione, da effettuare a mezzo dei Piani Particolareggiati o altri strumenti attuativi, deve avere carattere unitario e osservare le percentuali di superficie e cubatura corrispondenti alla densità territoriale di 150 abitanti per ettaro, con la distribuzione delle aree e dei servizi.

Prima dell'adozione dei strumenti attuativi è consentita l'edificazione soltanto delle aree libere entro i perimetri dei nuclei edilizi e delle zone di ampliamento di detti nuclei , quali: borgate e frazioni, previste dalla deliberazione del 25/7/1935, e degli aggregati edilizi, spontaneamente sorti nell'Agro Romano fuori dei limiti del P.R. del 1931, a condizione che l'edificazione rispetti l'indice di fabbricabilità di 1,5 mc/mq.

Nella zona F1 è prescritta un'altezza massima non superiore a quella del più alto degli edifici esistenti nelle aree confinanti edificate ed i distacchi dai confini interni (di proprietà o di lotto) dal filo stradale o dalla linea di delimitazione con aree pubbliche, non potranno essere inferiori a m 5,00; in ogni caso dovrà, comunque, essere garantita una distanza minima assoluta di m 10,00 dalle pareti degli edifici esistenti antistanti, qualora anche una sola delle pareti fronteggiatisi sia finestrata.

Vale sottolineare, che anche in base alla Variante Generale del N.P.R., più esattamente denominato "Piano delle Certezze", adottata con Delibera del Consiglio Comunale n. 92 del 29/5/1997, e valida per cinque anni, il territorio in questione ricade in sottozona F1.

Inoltre, il Comune di Roma con Deliberazione del C.C. n. 33 del 19-20/3/2003, ha adottato, ma non ancora approvato, il Nuovo P.R.G.

Per cui al foglio N. 16 di detto Piano, nella nuova definizione di Regole e Sistemi Insediativi, la zona in esame insiste nell'area detta "Città da ristrutturare", e più precisamente Tessuti – prevalentemente residenziali -, indicati con colore rosa, e ricade all'interno di un Programma Integrato perimetrato con contorno azzurro, come da stralcio della planimetria allegata ; richiesta all'Ufficio Pianificazione e Progettazione Generale – Dipartimento alle Politiche della Programmazione e Pianificazione del Territorio ".

CONFORMITA' O MENO DEGLI IMMOBILI ALLE AUTORIZZAZIONI E/O CONCESSIONI AMMINISTRATIVE

L'immobile di cui trattasi, sito in località Montespaccato, con ingresso dal c.n. 284 e 282 di via Cornelia, posto al piano primo e contraddistinto con il numero int. 2; insiste nel corpo di fabbrica detto " a palazzina ", costituito da due piani fuori terra oltre il piano terreno.

Nella zona ove è ubicato sono edificate costruzioni simili per forma e consistenza.

A completamento delle indagini, onde verificare la corrispondenza o meno dello stato esistente con il progetto depositato, si sono effettuati accessi presso l'Agenzia del Territorio – Catasto Fabbricati - del Comune di Roma e presso l' U.S.C.E. .

Presa visione dell'elaborato tecnico, inerente l'appartamento di cui trattasi, a suo tempo presentato, si e' cosi' accertato che l'attuale stato dell'immobile, sia nella distribuzione interna dei vani che nei prospetti, corrisponde al grafico presentato agli Uffici competenti in materia.

Infatti, come da documentazione allegata, non risultano autorizzazioni rilasciate , in tempi recenti, dal Municipio 18.

Mentre, presso l' Ufficio Speciale Condono Edilizio, per detta palazzina, è stata presentata pratica di condono edilizio con protocollo n. 00/58669, a nome di [redacted] per l'immobile sito in Roma, via Cornelia n. 284, piano 2, int. 3.

ACCERTAMENTI E RISULTANZE

Da un attento esame degli atti, ed a seguito di tutto quanto descritto ed accertato, corre l'obbligo precisare :

- che il Signor [redacted] con atto del 9/5/1989, rep. 5951, a rogito Notaio Camilla De Martino di Roma; ha ricevuto in donazione, dal proprio padre [redacted] nonché da [redacted] coniugi in comunione legale dei beni;

1) - l'appartamento, a quel tempo posto solamente al piano primo, per cui composto di: ingresso, una camera e servizi costituiti da bagno e cucina, avente accesso dal c.n. 284 di via Cornelia;

2) - il locale, oggi soggiorno con angolo cucina e bagnetto, al piano terreno con corte esclusiva, avente accesso dal c.n. 282 di via Cornelia;

- che successivamente, i due beni sono stati unificati, mediante VARIAZIONE per FUSIONE presentata al N.C.E.U. con protocollo n. 8001 del 27/1/1993;
- che a seguito della suddetta denunzia di variazione, al foglio 349, particella 2521, i beni in oggetto assunsero i sub. 9 e 3, di cui quest'ultimo per mero errore;
- che a rettifica, in data 20/5/2002, protocollo n. 445852, è stata

RIPRESENTATA VARIAZIONE per FUSIONE n. 28232; per cui l'immobile sito in Roma, via Cornelia 284 e 282, disposto su due piani: piano terreno e piano primo, int. 2; è censito al foglio 349, part. 2521, sub 9 e 2, zona censuaria 4, categoria A/3, classe 2, consistenza edilizia di vani 4, superficie catastale di mq, 106,00, rendita catastale, proposta ai sensi del D.M. 701/94, Euro 640,41.

VALORE DELL'IMMOBILE

Criteri di stima

Per ottenere la massima attendibilità del valore dell'immobile, si sono eseguiti due diversi metodi di stima.

Il primo a stima diretta, consistente nella ricerca del prezzo di mercato attuale dell'immobile in esame, equiparato ad altri immobili di analoga consistenza.

Il secondo metodo e' stato ricavato da una stima basata sulla capitalizzazione dei redditi, partendo dai prezzi rivalutati al tempo attuale.

Il risultato finale di valore e' stato determinato dalla media delle stime.

Stima diretta: in ragione del valore di mercato = Vm

Nell'indagine di mercato condotta in loco, è risultato che, il prezzo medio per appartamenti di recente costruzione ad uso abitativo e residenziale,ed in stato di normale conservazione, è di €. 2.950,00 a mq. di superficie utile (S.u:).

Tale valore risulta comprensivo dei servizi annessi alla residenza quali: locali comuni e diritti di legge.

Per quanto riguarda l'appartamento oggetto di stima, sono stati desunti i seguenti dati sia dalla pianta allegata, che dai rilievi effettuati in loco (intendendo con s.u.r. = Superficie utile residenziale, cioè di pavimento dell'alloggio misurata al netto dei muri perimetrali, delle tramezzature e dei balconi).

Si ha cosi' : S.u.r. = mq. 79,25

Pertanto :

□. 2.950,00 x mq. 79,25 = C. 233.787,50

A tale risultato va aggiunto il valore dei terrazzi di complessivi mq. 15,25, che, come da prassi commerciale consolidata, è rapportato ad 1/4 del valore di mercato a mq. dell'appartamento.

Quindi nel caso in esame si ritiene equo stimare il valore come segue :

□. 2.950,00 ; 4 = □. 738,00

□. 738,00 x mq. 15,25 = Ↄ. 11.254,50

Si ha cosi' :

□. 233.787,50 + C.11.254,50 = Ↄ. 245.042,00

Inoltre, a detta quantificazione va altresì sommata la stima per l'area cortilizia di uso esclusivo annessa all'appartamento, che come da parametri ufficiali , stante il suo utilizzo e la sua ubicazione posta al piano terreno, ma con accesso carrabile dal c.n. 282, oltre che dal passaggio pedonale del c.n. 284, la valutazione va stimata in una percentuale di circa il 25% del valore a mq. di superficie utile (S.u.) dell'appartamento.

Per cui si valuta una superficie d'uso di mq.106,00.

Quindi :

25% di □ 2950,00 = □. 738,00 x mq. 106,00 = □.78.228,00

Pertanto si ha:

□. 245.042,00 + □. 78.228,00 = □. 323.270,00

che e' il valore di mercato dell'immobile in stato di normale conservazione e manutenzione.

Stima indiretta: a reddito = Vr (basata sulla capitalizzazione dei redditi)

Si stima il valore con procedimento indiretto mediante la capitalizzazione dei redditi presunti derivanti da eventuali canoni d'affitto al 2003 per l'unita' immobiliare oggetto di stima.

Il canone di affitto medio annuo, con riferimento al costo base di costruzione aggiornato, è stato cosi' determinato.

Avremo cioè :

Sup. legale appartamento	= mq.	79,25
Sup. terrazzo mq. 15,25 x 0.25	= mq.	3,81
Sup. corte esclusiva mq. 106,00 x 0,25	= mq.	26,50
Superficie convenzionale	mq.	109,56

Il canone di affitto medio annuo, in base all'esperienza professionale, viene quindi valutato in 45,00 al mq. circa.

Per quanto riguarda la determinazione del reddito netto (R.N.) da capitalizzare, verranno detratte dal Reddito Lordo (R.L.) le seguenti spese:

- spese di assicurazione = 0,5% R.L.
- spese di manutenzione straordinaria = 3% R.L.
- spese per tasse, che come per norma, si valutano i 3/4 del 16,2% di R.L. pari al 12,15.

Infine il saggio di capitalizzazione è stato determinato mediamente nel 1,40%, considerando le influenze ascendenti e discendenti.

Avremo quindi per l'immobile in esame (109,56 mq. utili).

R.L. = ı 45,00 x mq. 109,56 = ı. 4.930,20

A detrarre:

spese di manutenzione straord. 3% R.L.	= ☐.	147,91
" di assicurazione 0,5% R.L.	= ı.	24,70
" per tasse 12,15% R.L.	= ☐.	599,02
	☐.	771,63

ı ı. 4.930,20 - ı ı. 771,63 = ı . 4.158,57 R. Netto

Capitalizzando allo 0,014 si ottiene il seguente valore:

Vr. = 4.158,57 : 0,014 = ☐. 297.041,00

Pertanto il più probabile valore della stima a reddito per l'immobile in esame, libero da locazioni, e' di:

Vr. = ☐. 297.041,00.

Valore medio

La valutazione di stima dell'immobile al valore attuale, in stato di conservazione e manutenzione normale, di proprietà esclusiva, e libero da locazioni, ammonta a:

(€. 323.270,00 + €. 297.041,00): 2 = €. 310.156,00

arrotondato ad .... €. **310.000,00**

RIEPILOGO

A conclusione dell'incarico affidatomi, va rilevato che nel 1989 il Signor [redacted] ha ricevuto in donazione dal padre, [redacted], in comunione legale dei beni con la propria moglie [redacted] l'unita' immobiliare di cui trattasi, denunziata al N.C.E.U. di Roma in data 12/7/1985, e costruita da [redacted] su terreno già di suo padre.

Inoltre, nel 1993 sono stati realizzati interventi di modifica degli ambienti, all' interno dell' immobile, per cui si è presentata presso l'U.T.E. di Roma la denunzia di Variazione per Fusione, tra l'appartamento , prima posto unicamente al piano primo, ed il sottostante locale negozio; così che le due primarie unità si sono accorpate e, mediante l'attuale distribuzione interna , hanno dato origine all' alloggio in esame.

Infine, va rilevato che alla data odierna nell'immobile vi abita la Signora [redacted] ex convivente del Signor [redacted] insieme al loro figlio [redacted] di anni 7 (sette).

Per tutto quanto precedentemente esposto, la stima per l' unità immobiliare:

29

Casa di civile abitazione distribuita su due piani, sita nel Comune di Roma, località Montespaccato, via Cornelia c.n. 284 e 282 con passo carrabile, con accesso dal piano primo, numero interno 2, oltre che dal piano terreno, e precisamente:

- Appartamento con annessa area cortilizia , composto da: soggiorno con angolo cucina e bagnetto al piano terreno, e due camere, ingresso e bagno, con annessi due balconi al piano secondo.
- Confinante con: stessa via, appartamento della palazzina del c.n. 288 di via Cornelia, distacco condominiale e via Pietro D'Abano.
- Censito nel N.C.E.U. del Comune di Roma, al foglio 349, particella 2521, sub. 9 e 2, zona cens. 5, categoria A/3, classe 2, consistenza edilizia di vani 4, superficie catastale di mq. 106,00, rendita catastale proposta ai sensi del D.M. n. 701/94 Euro 640,41;

quindi, per l' immobile pignorato nell'esecuzione contro il Signor [redacted] nato a [redacted] ivi residente in [redacted]

Valore dell' immobile = €. 310.000,00

(trecentodiecimila/00)

che e' la stima dell'appartamento con annessa area cortilizia nello stato di fatto in cui si trova , libero da persone e cose, da vendersi esclusivamente in un unico lotto. .

C.T.U.

30